中华朗诵
一

朗诵，是一种美好的沟通

主　编　王　群
执行主编　陆　澄

上海科学技术文献出版社

图书在版编目（CIP）数据

中华朗诵（一）：朗诵，是一种美好的沟通/王群主编．—上海：
上海科学技术文献出版社，2014.5
ISBN 978-7-5439-6234-7

Ⅰ.①朗… Ⅱ.①王… Ⅲ.①朗诵—语言艺术 Ⅳ.① H019

中国版本图书馆 CIP 数据核字（2014）第 087948 号

责任编辑：王卓娅
装帧设计：姜　明
封面题字：周巍峙
封底篆刻：陆　澄

中华朗诵（一）：朗诵，是一种美好的沟通

主　　编　王　群　执行主编　陆　澄
出版发行：上海科学技术文献出版社
地　　址：上海市长乐路 746 号
邮政编码：200040
经　　销：全国新华书店
印　　刷：上海市印刷七厂有限公司
开　　本：787×1092　1/16
印　　张：6.5
插　　页：4
字　　数：90 000
版　　次：2014 年 5 月第 1 版　2014 年 5 月第 1 次印刷
书　　号：ISBN 978-7-5439-6234-7
定　　价：28.00 元
http://www.sstlp.com

主办
上海市演讲与口语传播研究会

承办
上海金口才朗诵团

协办
上海市普陀区长征社区文化活动中心

顾问
秦　怡　殷之光　濮存昕　赵丽宏
洪家祥　烁　渊　杨鲁军　马海涌

主编
王　群

执行主编
陆　澄

副主编
朱米天　彭世强　章　婷
张文宽　唐婷婷

编委(按音序排列)
过传忠　蒋伟伟　刘安古　刘　侠
陆　澄　卢红霞　潘秋辰　彭世强
孙渝烽　唐婷婷　王　群　杨永发
张红玉　章　婷　张文宽　章小冬
赵　兵　朱米天

美丽人声
Beautiful Voice

① 与敬一丹、倪萍。
② 学生时代。
③ 刘忠虎获"中国主持人三十年年度风云人物"。
④ 残运会火炬手。
⑤ 角色化主持扮演皇阿玛。
⑥ 著名电影表演艺术家张瑞芳为刘忠虎颁奖。
⑦ 朗诵李大钊《新纪元》(节选)。
⑧ 《张灯》剧照。

美丽人声
Beautiful Voice

刘忠虎

刘忠虎，南京人，导演、主持人、演员。刘忠虎长期参与浙江省和杭州市广播电台广播剧、小说、报告文学及诗歌的演播，他的朗诵松弛有度，作品表达准确、细腻，舞台表现洒脱而严谨，代表作有《这一跪》《我是中国人》等，《我是中国人》将朗诵艺术的要义——生命的沉入与情感的激扬——发挥到了极致，被赞誉为"激情绽放的艺术珍品"。

❶ 朗诵《我是中国人》。
❷ 下连队演出。
❸ 舰艇水兵。

美丽人声
Beautiful Voice

❶ 导戏。
❷ 第一次站在话筒前。
❸ 1987年与童自荣和影迷。
❹ 录制苏秀老师的《基因之战》。
❺ 1987年与李梓、孙渝烽老师。

美丽人声
Beautiful Voice

狄菲菲

狄菲菲,上海电影译制厂国家一级演员、导演。狄菲菲对诗歌、散文、小说等体裁的朗诵都十分擅长,创作了许多广为流传的精品。她的声音柔和、沉稳,且富有变化,气和声的搭配形成"狄式"风格,听来别有韵味;良好的表演功底使她的朗诵具有形象感、情境感,情感处理格外细腻丰满,真正做到了情致与语音的完美结合,为所演绎作品增光添彩,深受听者喜爱。

❶ 阳台小憩。

❷ 1987年进厂第一天。

❸ 大学时期。

目 录

序	陆 澄	华年新声	
		——《中华朗诵》寄语	1
名家异彩	潘秋辰	秦筝吐清调　怡然百年情	
		——走进秦怡的朗诵世界	3
可诵坊	田永昌	斯梅德雷沃国际诗歌节感记	21
	赵丽宏	赵丽宏朗诵诗作十二首	25
精英谱	姜世平	他与坚守理想者同行	
		——记安徽省朗诵艺术学会会长杨屹	47
理论界	王 群	危机与对策	
		——当下朗诵态势分析	54
校园大观	彭世强	回眸"中国说"	59
	翠 岭	我们的"中国说"	
		——中国中学八十周年校庆集体朗诵诗	64
	盛 媚	"以读促悟"与"以悟促读"	
		——《石壕吏》朗诵教学随笔	68
	刘 侠	高中课文《当炉女》朗诵指导	71
	鄂文明	朗诵，点亮孩子的心灯	
		——《珍珠鸟》授课记	73

	乐　怡	朗诵，献给父亲	77
	徐　芸	星星点灯	81
	胡程皓	我有一个梦想	84

琅琅博士
　　　　　　朗诵与朗读有什么区别　　86
　　　　　　什么是"语文朗诵教学"　　88
　　　　　　上台朗诵紧张怎么办　　89
　　　　　　怎样提高嗓音质量　　90
　　　　　　朗诵要不要"夸张"　　91

口诵笔谈
　　　孙渝烽　朗诵，是一种美好的沟通　　92
　　　过传忠　不神秘也不简单
　　　　　　——浅谈文学作品的朗诵　　95
　　　张广录　在诵读声中品悟母语的真味
　　　　　　——以《岳阳楼记》为例　　98

扫一扫，听朗诵

序

华年新声

——《中华朗诵》寄语

陆 澄

阳春三月，莺飞草长，一个绿色的生命破土而出，她的名字叫"中华朗诵"。

她诞生于肥腴丰饶的中华文化沃土，这里生长着诗经、楚辞、汉赋、唐诗、宋词、元曲。千百年来，我们的先贤圣哲怀揣民族之大智，吸纳天地之灵气，演绎出浩如烟海的经世神韵、精美华章，足以让炎黄儿女为之倾心，纵怀引吭，"长言之""嗟叹之"，并且取之不尽，诵之不绝。朗诵，既是文学精神的渲染，亦是人文情怀的演化，它源远流长，"兴观群怨"而声声不息。

《中华朗诵》的经脉连着五千年华夏文明的根系。且看伟大祖先创造并传承给我们的维系民族之魂的母语，音节丰富、声调多姿，字含意、声蕴情，如歌般美妙悦耳；随情遣声，作成诗文篇章，抑扬顿挫，张弛跌宕，有"韵"有"律"，可"吟"可"诵"，成为文字的音符、语言的乐曲。可以说，中华诗文从出世起，就与"吟诵"结下了不解之缘，而诗文朗诵，更将汉民族语言的听觉魅力审美价值升华到了极致。

因此，古人称此为"德音""治世之音"。它不仅仅是文人骚客独拥的风雅情趣，也是历史悠久的文治之道：通过诵读熟习经书的"诵数"，通过背诵加强记忆的"诵忆"，以诵诗来谏诫的"诵谏"，等等。当然，它也是芸芸大众尤其是当代人切实的文化需求，从舞台到广场，从学校到社区，处处皆闻诵读声,其乐融融,其情浓浓。近年,在政府"经典诵读"的倡导下,群众性朗诵活动更似春风化雨遍及九州。

有幸,《中华朗诵》诞生在了这样一个多"梦"又多彩的季节。中国共产党十八届三中全会开启了民族复兴的新篇章,举国戮力同心,大展宏图。伟大的时代,奋进的岁月,热烈的生活,必然激荡情怀,叩动心扉;声情飞扬,正是盛世华年最真切最鲜活的气象,诗文放诵,言语抒怀,或雄浑铿锵,或轻柔悠远,或洪亮浩荡,或深沉婉转。"大扣大鸣,小扣小应,俱系精神髓骨所在"(李贽《焚书·复焦弱侯》)。藉此,《中华朗诵》应运而生,她将为这盛世强音鼓与呼、传与播,为朗诵这一芬芳四溢的语言艺术开一席专业园地,奇文共赏,疑义相析,汇中华新声,聚朗诵知音;这是一种机遇,更是一份担当。

然而《中华朗诵》毕竟嫩芽初露,她的成长和成熟需要爱的光照、情的滋养,时光的磨砺、现实的考量。而这些,在您翻开第一页的时候便已开始。

我们深知任重而道远……

名家异彩

秦筝吐清调　怡然百年情

——走进秦怡的朗诵世界

潘秋辰

一

有人说，"声音是人的第二容貌"，诚然如此。

声如其人，听其音，可知其人，可懂其心，可悟其情。

静静地听，一种真实如大地一样纯净的告白；轻轻地听，一种恒久如阳光一样生命的张力；悄悄地听，一种温暖如血脉一样流动的情愫。自然朴实，清水芙蓉，声声轻扣心灵的门扉……

听你的声音，不必心潮起伏，不必热血澎湃，不必哀婉凄切，从你字字句句真实流露的声音里，从来听不到太阳之烈，亦听不到霜雪之恨，更品不出江河之怒，乾坤之奇；恰恰相反，从你的每一句朗诵里，闻见的只是平实、素朴、洁净的生活气息，哪怕寒梅之香，茉莉之芳，对你而言亦是一种多余。

你的声声诉说里，是一种真实情感的叙述，是一种生活状态的再现，是一种朴实人生的解读。

这就是你，一个声可倾国、容可倾城的艺术家——秦怡。

如果有人耄耋之年，依然贯有这样生命的悠然，我想，她一定有一颗大爱无疆、包容天下的心。

如果有人鲐背之龄，还依然散发着年华的雍容，我想，她一定有一种壁立千仞、无欲则刚的境界。

艺术家秦怡最钟爱的一张照片。

秦怡教儿子读竹简。

这也是你,一位平凡的母亲、坚强的女性——秦怡。

二

你手里拿着一张泛黄的稿笺,三十年了,这张诗稿愈加醇厚。1982年,你给儿子阿弟写下了这首诗。

那一天午后的阳光正浓,你看见阿弟玩得正开心,难得病情稳定,你那颗愧疚的心偶尔得到一丝平静。当你从忙碌的书桌上抬起头看到他正在写写画画,信手涂鸦,此情此景对于一位母亲而言,再平常不过了,可你却好像看见了长大成人的健康阿弟,像一个阳光少年,焕发出生命的神采,这情景印在脑海里,清晰得可以触摸。

于是,你写下了这首《童年》:

童年已消逝,
还自忆儿时,
回忆儿时无限情思,
像朝阳从天外升起,
像花蕾初绽显繁枝,
像原野凝无边新绿,
像春光萌遍地生机。
只看见亲人欢喜,
只听见温存软语,
怎知有黄粱魅力,
长大呀,长大,
看生活会来拥抱,
年轻人像出笼的鸟,

飞向万青长空里，
童年已消逝，
还自忆儿时，
无限情思。

2012年，年届九十的你在一次活动中，朗诵了你在20世纪80年代写的《青春》和这首《童年》。

朗诵会现场，人并不多，规模亦算不上隆重，但你质朴的语调中却透出脉脉而久远的亲情。你就是这样，在悲喜中秉承着人性超脱的豁达，在摧折中追求着信念执著的泰然。

你朗诵的《童年》，在恍若隔世的悄然里，是平实的语言穿起的回忆，字字句句，声声切切，在脑海中勾勒出那个陪伴精神疾患儿子的母亲。你用绵亘到天边的情思，留住了阿弟年幼的欢笑，那童年到少年奔跑的足迹里，是你的憧憬，你的心愿。

都说你对阿弟从没有怨言，在你的心里，怨从何起呢？你心里装满了一个母亲的后悔、懊恼，后悔当初只顾工作，忽略了乖巧、听话的孩子也需要爱的陪伴；甚至，你的心里还绞杂着恨，恨自己那么粗心，没有发现一个十四五岁孩子微妙的心灵变化。所以，你对阿弟的爱是复杂的，是愧怍中的悔恨，是悔恨中的补偿，是补偿中无怨无悔的善良和坚毅。

在这样一颗坚强的心面前，任几十年的光阴，一点儿拿你没辙儿，你说，"一生磨难的事很多，坚持一下就挺过去了"，这一挺就是多少岁月的沉淀。你用人生作稿纸，从阿弟十六岁生病，直到五十七岁故去，那张永不褪色的稿纸上，你用坚毅、善良、博大写下他可以带去天堂的最美诗篇。

记得有一个故事，说一个孩子患了自闭症，父母带着孩子寻遍了天下名医，然而，孩子每天都沉浸在他自己的世界里，蹲在墙角，终日自语"我是一只蘑菇，我是一只蘑菇……"。亲人目睹此状，无不心急如焚，但依然于事无补。突然有一天，母亲，望着生病的孩子，不再悲戚，而是蹲下来，在儿子身边，和儿子一起扮演那只蘑菇，渐渐地，儿子愿意和这只"大蘑菇"交流了。"大蘑菇"带着"小蘑菇"做游戏，吃松饼，讲故事，猜谜语。两年后，这个自闭症孩子竟然痊愈了。全世界最著名的医生也想不到，世间会出现这样

秦怡与儿子在家中。

的奇迹。

　　而你，就是阿弟生命里的那只"大蘑菇"。你陪伴在他身边，演了几十年的"大蘑菇"，你把对"小蘑菇"的爱，都化作朗诵里那一丝深沉悠远的平静。

　　从你平静的语音里，我看到流溢出的汩汩心泉，静如一泓碧水，倒映出世间坚守的信念。我想，你的心也如那潭水一样沉静宽广吧，能容下世间多少的纷争，能融化人生多少的不幸，而最让天地无语的是，你却不改包容的本色，用恒久的心态，用爱的回馈一一接纳，在一点一滴的岁月侵蚀中，消化吸收世事的纷繁，甚至污浊，只留下坚强而美丽的平和心态。

　　其实，你本身就是一首诗，一首不在意韵脚、不在乎意象的诗。你就是那么纯净地折射着人性的安然，不怨不恨，不恼不急，日子的分分秒秒属于你，平静地挽起岁月的手，一步步走来，丝毫都不惊心动魄，却满是壮阔的瑰丽。

　　你的心与岁月的节律始终是平等的、平行的，你从不担心时光难捱，也从不思虑生活磨人，就这样，直到让岁月的年轮在你的面前停下它的脚步，甚至致使它带着钦敬的目光，注视着你的华年，在九十二岁，依然美得让人心颤。

　　生活是什么？难道还不能从你的声音里读出些什么吗？你曾回忆说，"我这一生遇到的灾难和不幸太多了，都来不及伤心、哭泣了……"。于是，你选择了像山一样，遇到凶猛的浪头，你从不迎上去，而是蹲下来变成一道厚厚的堤，任它狂啸撕打，翻滚倾跌，直至灰溜溜地自己退去。

　　这是怎样的一种生活态度，也许世人用几生几世也不能明白这样一种承受，而它却是你信念的核心、能量的源泉。

　　你的声音，让人听不到沧桑流离的凄楚，也听不出泪如雨下的悲怆，更听不到哽咽的隐忍，你只是用平静真实的语调抵挡了人生之堤上席卷而至的海啸，你早已用宽广的胸怀，涵蕴了它们。这也许就是太极的"推手"，借力发力，不被苦难吞噬，反而成为困厄的巨大消化者，这难道是你的人生哲学？

　　你打妈妈，我不怪你，

可是你千万不能打妈妈的脸
因为明天
我还要在水银灯下微笑
挺立！

　　这样的心酸，却在生活日复一日的节奏中，被你诉说得这样平实。没有悲伤，没有凄楚，你用了怎样一颗心去消融如此的岁月艰辛？

　　儿子不发病时，你是他的朋友，他也是你的朋友，你陪他聊天，给他讲故事，他会时常睁着一双儿童一样的眼睛，真诚地问候你，"妈妈，累……"。那时的你，还有什么比这样的交流更欣慰呢？你用成千上万个日子的陪伴，换来了病患儿子的一句问候，好像领略了一番孺慕之情，你心已足矣。那些无尽繁琐的照顾病儿的日子，即使刻进石头，也已经成为一座碑，一座母爱的碑，但你却宁可用这座碑去换取儿子一句流星一样倏然而逝的问候，这就是你，这就是鞠躬尽瘁的母爱。

　　陪伴的岁月走到了尽头，你不是解脱，而是怀念。从此，少了一个生活的影子，你忙了一天，累得精疲力竭，回到家，不知怎么就会对着空空的屋子自言自语，你觉

秦怡欣赏儿子的画。

秦怡和儿子在公园里写生。

得阿弟还在屋子里，你知道他舍不得丢下你一个人远去。于是，你总是习惯性地与阿弟聊聊家常，不管他听不听得懂，不管他还在不在，他的心在你的心里，他的爱在你的爱里……

于是，你写下诗歌《我们一起努力》。这首诗是几年前为纪念阿弟而创作的，一个母亲温婉的眼中是儿子从幼年到童年、从童年到少年的成长经历，以及后来患病、去世的历程。最初，你写的是一篇散文，在一次残疾儿童活动中，你朗诵了它，朋友建议把它分成诗一样的句子，于是你进行了修改，从儿童到普通大众，我们又一次在你的朗诵中体会到一个母亲的爱。

《我们一起努力》是你真实情感的自然流露，是你超脱苦难的心境写照，可你却总是说那句话，"对儿子，我是愧疚的。"于是，在你的生命里，你放弃了很多东西，阿弟是你生活的重心，也是生命的圆心。在陪伴的岁月里，你摸索到一些方法，把他带在身边，而不是扔在医院或疗养院里，在生命逝去前长达十五年的时间里，他竟然病情稳定，展露出绘画的天赋。

你就是那朵风雨中的大蘑菇，为小蘑菇遮风挡雨，共呼吸同患难，在你眼里，他就是一个可爱的孩子，根本不是什么精神病人。你用母爱融化了一个精神病人的恐惧、怀疑、忧郁、狂躁，你把一个孩子心灵深处美的天赋引导到画板上，成为杰作。

流逝的岁月是有限的，而你的耐心、毅力却是无限的，人世间还有什么比一个母亲的信念更持久、更永恒的呢？

在记忆的长河里，是你和阿弟在公园的阳光下写生的情景，多彩的颜色，挥动的画笔，让阿弟的世界宁静了，他把自己艺术与美的基因都挥洒在画板上，表现出一种纯净的艺术天性，那时，只有你读懂了阳光下的儿子，那一刻，他不是病人，他是一个绘画的天才，是一个母亲眼里的小神童。生活在你的眼里就是这样，无论他好转或疾病发作，你始终快乐着。

那也许只是一滴水的快乐，但却掩去了茫茫大海一样的人世坎坷，在世人眼里，你有用一滴水折射阳光的神奇，因为你的心里再也住不进一丝阴霾，你要把唯一的阳光留给阿弟、留给人生。

你可以是舞台上、银幕上，情牵无数观众的那个艺术家，也可以是俯首甘为儿子陪护的那个母亲；你可以是笑动天下的那个落入凡间的美丽女子，也可以是困顿忧伤里那个诉不尽离愁哀怨的女人。就这样走过九十二年，你的闲庭信步、优雅自如、上善若水，在时光的打磨中，一点一点沉积为一曲清波流转的绝唱。

你的人生并不难解读，你的情怀也不难领悟，你的心态更不难理解，而难的是，你一个扛着生活如许磨难的美娥娘，却将一个瞬间坚守为一种永恒。

三

再一次遇见你，是电影《雷雨》中的鲁妈。

1983年拍摄电影雷雨时，你已六十一岁，那时的你已经历了无数的人生苦难。

年轻时，第一次婚姻开始于浪漫的初识，但很快爱情的虚幻被现实击退了，丈夫生性爱酒，喝醉了意识就不受理性控制，有一次竟

电影《雷雨》中演青年时期的侍萍。

随手拿起雨伞打了你。婚姻不是爱的坟墓,婚姻是爱的维护,在失望中,两年的短暂婚姻结束了。凭你的忍耐,也许可以忍受这样的生活,但那时的你还年轻,还有一份对爱情的希冀。你抱着刚出生的女儿离开,独自承受着婚姻的失意,不怨不责,这些经历与年轻时的鲁妈——侍萍,多少有些相似。

生活在话剧里投射下的碎影,尽管斑驳陆离,却幻映着艺术与现实的雷同,让你很容易生出无限的

秦怡、金焰和儿子金捷。

共鸣,于是,那天拍年老的鲁妈和周朴园三十年后相遇的那场戏时,你竟然一次通过,因为你字字珠玑倾吐的是自己的心声。

爱情的美好再度眷顾你这位美丽的天使,当年的电影皇帝金焰与你相识相知相爱,开始了金童玉女般令人憧憬的爱情,著名编剧、文化名人夏衍为你们证婚,你们的婚姻成为当时文艺界的一段佳话,在所有人眼里你们是佳偶天成,是如花美眷,是金玉良缘,就是在如许的期待中,阿弟降临了……

但凡美好的故事大多是这样:幸福的家庭都是相似的,不幸的家庭却各有各的不幸。

一次去外地拍片近一个月,回到上海突然发现儿子阿弟行为异常,急性轻度精神分裂症让你和丈夫一下懵了,默默地把悲伤吞咽在心里,你不能垮掉,你必须挺住。可是祸不单行,福不双至,丈夫金焰又患上了严重胃病,卧病在床,逐渐变得意识不清,你一个职业女性要在片场和家里连轴转,你悄悄地扛起整个家庭的重担,有多重,有多沉,只有岁月知道,只有时间知道,而它们都被无声地刻在了年轮的罅隙里,你从不去俯首审视,于是乎这些与时间一起沉酿的苦难,竟成了本不该刻在你额上的那<u>一丝丝皱纹</u>。

摄影棚里你一遍即过的真情表演，让人看到了一个被苦难之水浸泡的妻子、母亲的形象，但现实中的你比鲁妈坚强得多，你在生活中从不因此掉泪、叹息。你，一个美丽女子的心，怎容得下这么多的人生不幸，我想，只是在人物塑造的那一个艺术支点上，你宣泄了自己，把自己与侍萍、鲁妈融为了一体。

当年电影播映时，你饰演的鲁妈得到了所有观众的认可，曹禺老先生说，你是这么多话剧、舞台剧《雷雨》中最完美的鲁妈。可谁知，这完美是用你几十年辛酸体验换来的，是用你超脱苦难的那颗坚贞之心诠释的。

由于电影的巨大成功，朗诵节目《鲁妈的独白》应运而生。

大师陈钢的钢琴声响起，沉重低徊的乐音，萦绕着那座呼啸山庄一样阴森的府第。你缓缓入戏，这是《雷雨》第二幕的那个小高潮：周朴园和鲁侍萍三十年后相遇。

这一幕是推动整个剧情朝着悲剧转变的必然，在这个人物情感纠葛的旋涡里，你的朗诵让湍急的涡流一直旋进了听众的心里。

她是个下等人，不很守本分。听说她跟那时周公馆的少爷有点不清白，生了两个儿子，生了第二个，才过三天，忽然周少爷不要她了。大孩子就放在周公馆，刚生的孩子她抱在怀里，在年三十的夜里投河死的。

你的情绪出奇地平静，然而平静之下却是挡不住的狂澜，悲怆的音乐与你的情感起伏融为一体，不分彼此，音乐不是你朗诵的陪衬，你也不是音乐的装点，此时，朗诵与音乐如同灵与肉一样，成为相融又独立的部分，前奏用敲响灵魂之门的"钟声"，将时间拉回三十年前，年轻的侍萍和资本家少爷周朴园相恋，不堪回首的往事，就这样被轻轻掀起，徐徐地，你平静中蕴藏的悲楚却如滚滚惊雷，没有什么比回忆痛苦更痛苦，没有什么比耻辱的伤疤被迫撕开时更耻辱。

鲁妈的情绪如大地般颤栗，每个频率里都是除夕夜大雪纷飞里抱着出生三天的儿子被逐出周家投河自杀的情景。三十年来，要饭、流浪、嫁错人、四处做老妈子的艰辛如玻璃碎片一样挤在鲁妈的脑子里，让她只能无助又绝望地喊出：

这是我的报应！我的报应！！

舞台上的你，此时无声胜有声，没有哭泣、悲嚎，只一个转身，一个背影，将言有尽意无穷的艺术留白效果推向了极致，而陈钢双拳击出的一连串"音块"，又强烈地渲染出鲁妈内心的风暴。这时，没有只言片语的你，却早已浸泡在鲁妈的痛楚里，泪湿双颊……

音乐渐渐停止，你缓缓转过身，决绝地、字字清晰地对周朴园说：

我现在所以还站在这里，那是因为我只想见见我的儿子萍儿。啊！萍……儿……

话音未落，陈钢整个上半身压向钢琴，两只手臂重重地压住所有黑白琴键，轰鸣如排山倒海，如天塌地陷，而你这时的朗诵，像一声沉重的霹雳，哗，电闪雷鸣，天地笼罩在命运的雷雨中，白茫茫、黑漆漆一片。观众的心被掏空了，眼泪情不自禁……

经典之所以成为经典，是因为有经典的人物演绎。

面对上百场国内外成功的演出，你却淡定地说，"这是角色，也是生活。"

其实，你与鲁妈、侍萍就是一种艺术与现实、戏内与戏外的重合，所以不用体验，不用琢磨，只要将自己的人生经历在脑海中进行一次回放，你的心就与侍萍、与鲁妈完全贴合了，这也是你能完美塑造银幕上、舞台上鲁妈形象的原因所在。

《雷雨》的艺术性往往蕴含在一句句台词中，它戏剧性的冲突，情节的跌宕起伏，完全是依据人物台词推进的。人们总以为那些发自灵魂深处的对白需要推敲、咀嚼，而你却轻易地就拿捏到多一分则多、少一分则少的境界，于是成就了艺术世界中一个不朽的、完美的鲁妈形象。我想，这不正是"同是天涯沦落人，相逢何必曾相识"的命运巧合么。而你作为一名电影艺术家，已经达到出神入化、炉火纯青的境地，特别是朗诵节目《鲁妈的独白》，更是彰显出一代艺术大家虚实幻境相生相映的高超技艺，你用声音淋漓尽致地完成了一个立体可感、经典不朽的舞台形象的再塑造。

二十年间，你朗诵《鲁妈的独白》从国内到国外，在新加坡演出时，震惊了整个国家。你从不需要彩排，每次钢琴声一起，你的灵魂就复活了，朗诵的细胞就焕然一新。

一些感怀至深的老观众说你入戏很深，其实，哪里是入戏，你的一生何曾划分过戏剧与人生，在你的生命中，艺术就是生活，生活就是戏剧，所以你从未脱离戏的情境。我想，这也是你为什么拥有超越常人的豁达与包容的原因。试想，有哪个艺术家会与自己的戏较真，与自己的角色呕气呢？所以，生活就是艺术的你，苦难不可能刻在你的心上，也不可能爬上你的眉梢，于是乎，即便有再多的雷雨，你看见的依然是彩虹。

四

你总是忘记岁月的指针指向了公元哪一年，也总是忘记你已经九十二岁高龄。

你喜欢白桦的诗，每一次见到他的诗都有朗诵的欲望。恰巧他为陈钢的散文集《蝴蝶是自由的》写了序，你就踊跃地要试试到舞台上去朗诵，而且还选好《梁祝》作为背景音乐。你看，你哪像一个行将期颐之年的老人，因你的心是艺术的，所以永远年轻。

都说美人迟暮，你的人生似乎从没有迟暮之憾，反而历久弥新，芳华无限。

你一直在写作，字字都是自己勤奋笔耕，你不愿用助理，喜欢凡事亲力亲为；你也不愿用电脑，觉得它冷冰冰的，没有一点人气，不像稿纸，铺开来，一个字一个字，写下来就是心灵的脚印，一串串一串串，密密麻麻都是灵魂的轨迹。

今年，你还在琢磨一个新剧本，剧本里有一个五六十岁的女工程师，你觉得自己一定能抓住人物的内心世界，把她演活，但你又担心化妆师不能把你的外形化得那么吻合。你可真可爱，还像一个影坛新人一样，充满精益求精的执著和信念，这也是为什么岁月在你的面前总是黯然失色的原因吧。

走过风雨如晦的无数个日子，愈到晚年，你的面容就愈像一尊雕像，停止了老去。感觉你的生命就如同一棵常青树一样，葱茏的绿意永不凋零。一个世纪的风云就这样弹指而过，你不老，你还年轻，你主宰着艺术与生活的蒙太奇。

为了你跨越世纪的美丽，2011年5月27日，在闵行召稼楼落成了"秦怡艺术馆"，一进门是你的半身雕像，基座上是已驾鹤西去的吴祖光写给你的诗《秦娘美》："云散风流火化尘，翩翩影落杳难寻；无端说道秦娘美，惆怅中宵忆海伦。"这是我国迄今为止，以仍然活跃在影苑剧坛的艺术家命名的第一座艺术馆。

在这里，能听到你的朗诵回响在心田，声音伴着你的音容笑貌，伴着你的如水华年，在很多人不敢企及的年岁活出了女神的尊严。

徜徉在艺术馆内，恍若时光穿越，抬眼看到四壁的影像，从那个黑白影片的时代走到今天，有一种平凡的伟大流淌在岁月的每一寸空间里。

五

你一生醉心于朗诵，朴实无华的朗诵里透射出你独到的人生见解。

你的朗诵自成风格，你的台词功力并未随岁月的流转而黯然几许，可你总是调侃自己，"老了，记性也不灵了……"。每每听到你这样说时，亲切、可爱、随性、自然的品质反而在年岁的增长中丰饶起来。

你乘飞机在祖国各地奔波演出，但从不因年纪大而降低朗诵的要求和质量。你严谨，一丝不苟，你出现在哪里，哪里就有一座艺术的高峰矗立。

你出现在第六届北京清明诗会上，"诗韵清明"在石景山体育馆举行，你和陶玉玲、杨立新、吴京安、蔡国庆、栗坤、王茜华、佟凡、赵越、王斑、曹颖、王韵壹、姚贝娜等数十位老中青年艺术家汇聚一堂，你悠远而沉重的声音"我的老朋友们，一个个离去……"，让人们看到了一个九十一岁高龄的真性情的你，眼中含着热泪，声声诉说着友谊、情义。

那一年，离我们而去的还有老艺术家于是之、张瑞芳、李默然、陈强、凌元。你缓缓走到舞台中央，"这些老朋友是我们时代的骄傲，我每次吟诵都忍不住流泪……"，当《我们的朋友》朗诵声响起，他（她）们的照片出现在夜空中的大屏幕上时，全场观众的掌声如潮水般汹涌，热泪盈眶。

时光穿梭到2011年，你首次为深圳市读书月诗文朗诵会献上自己

在秦怡艺术展示馆留影。

的朗诵，你把对书的热爱、对诗的欣赏，随现场直播传送到现代大都市的每一幢楼宇。

还记得，你曾与上海的朗诵艺术家一起参加朗诵音乐会"邓小平之歌"。你已是第五次朗诵抒情长诗《邓小平之歌》，但每一次都怀着最初的崇敬，把改革开放三十年的荣光、骄傲绽放在舞台上，你的声音饱含着对改革开放总设计师小平同志的深情赞颂。

第一次朗诵《邓小平之歌》是在1997年4月，北京音乐厅举办了悼念小平同志的一场大型音乐朗诵会。孙道临任导演，反复与你磋商朗诵语气的把握，语调的处理，并将朗诵配乐调整为《长江之歌》，当你朗诵到小平在南昌拖拉机厂那段艰难岁月时，音乐与朗诵共鸣，小平的女儿邓琳在台下，不停地擦拭涌出的眼泪。当你朗诵到：

　　从今天的每一座路标，
　　到新世纪的每一条跑道，
　　哪一刻不在心底轻轻呼喊：
　　小平，您好！

这时台下听众心潮澎湃，齐声高呼："小平，您好！"那一刻，你的深情超越了年龄，你的激情融化了听众，你的肺腑里满是奔腾的热血。胡锦涛同志感慨地说，"用音乐和朗诵这种最朴素的艺术形式，真切地传达了全党、全军、全国人民对小平同志的无限爱戴和怀念之情。"

这就是你追求的完美艺术境界。后来，你又专程访问小平的故乡四川广安，对小平同志从一个小小的山村走出成长为一代伟人，又多了一层了解。所以你说，"朗诵《邓小平之歌》不仅仅是怀念，更是一种信念，是继往开来的信念。"

2011年6月20日，你在中国共产党建党九十周年"百花芬芳·党的旗帜高高飘扬"主题系列演出闭幕晚会上，代表上海市文联表演了配乐诗朗诵《相约1921》。你深情饱满地再现了党的光辉历程，回忆了中国共产党第一次代表大会在上海召开的峥嵘岁月，你的朗诵为整个纪念活动画上了圆满的句号，也将系列活动推向了高潮。

曾记得第九次全国文代会上，年近九旬的你，风采依旧、银发如霜、皮肤白皙、身材挺拔，你坚毅的眼神、沉稳的步伐，尤其是你明

第四次文代会上与曾经的朋友们合照，前排中间是周恩来的夫人邓颖超。左起：前排夏梦、邓颖超、白杨，二排温可铮、王铁成、张瑞芳、李光羲、秦怡、朱琳、孙道临。

朗的记忆与思维，举手投足间高雅大气的风范与雍容华贵的气韵，让人感到很惊异。

那次文代会上记者给你看了两张老照片，你像个孩子似的兴奋不已。第一张老照片上有邓颖超大姐、白杨、张瑞芳、夏梦、孙道临、王铁成、朱琳、李光羲、温可铮等。这可是多年前，你曾经的朋友，曾经的光阴，一切的美好都留在了你心里。

第四次文代会前夕，邓颖超大姐询问你爱人金焰的情况，当她得知金焰有病不能前来参加第四次文代会，便关切地说，"参加这样的文代会，来了心情就好了，病也会好起来的，让人护送他来吧。"后来金焰顺利来到北京，赶上了文代会，那也许是他生命中最美好的回忆吧。

第四次文代会正值"文革"刚刚结束，文艺的春天扑面而来。茅盾先生为这次文代会特意写了一首词《沁园春·祝文艺春天》，于是，你满怀激情地朗诵了茅盾先生的这首词。你朗诵的那一幕，被记者定格在镜头里，这便是你手中的第二张老照片。

你一边感慨着照片中时光的荏苒，一边顺手接过当年《沁园春·祝文艺春天》的茅盾手迹影印件，像手心里捧着稀世珍宝，你心潮起伏，情不自禁地朗诵了起来：

代表三千，各业各行，济济满堂。老中青团结，交流经验，意气风发，斗志昂扬。倾诉血泪，余悸犹在，痛恨殃民祸国帮。英明党，奋雷霆一击，大地重光。编排队伍轻装，待开往长征新战场。有双百方针，指引正轨，极左思潮，清算加强。历尽艰辛，未消壮志，抖擞精神再站岗。为四化，看香花灿烂，久远流芳。

现实中是九十年华的你，照片

中是半百岁月的你，专注的神情，悠扬的音调，一只手轻轻地打着节拍，与老照片中定格的瞬间一样，你春天般的情怀和阳光般的心境就这样几十年不曾改变。

时光把思绪又拉回到今天，2013年10月7日，你在"峥嵘岁月"朗诵会上，又让听众耳目一新，你朗诵的《中国红了》，铿锵有力，气贯长虹。

2013年11月6日，你莅临第七届上海朗诵艺术节开幕式，你依然关心和支持朗诵事业，对朗诵艺术与当代生活的关系颇为关注。你认为朗诵是人真实心声的流露，是有感而发的真情表达。

在这块郁郁葱葱的芳草地上，朗诵不仅是怀念，更是你的信念。你的身影时常流连在这片绿茵里，你对后辈的指点、激励，不啻于一座活着的丰碑；你对朗诵事业的殷殷之情，将化作源源不断的正能量，绽放在艺术的银河，灿若繁星。

六

最美的朗诵，是通过耳朵打动灵魂的那种力量，它朴实无华，不需要铿锵有力，不需要气壮山河，只轻轻一个吐字，便能感动每一个心灵，这是因为真。

最美的朗诵，是通过真情浸濡情感的那种生动，它洁净简单，不需要顾盼生辉，不需要咆哮怒吼，只轻轻一句诉说，便能融入每一种心绪，这是因为纯。

你的朗诵，毫无雕饰，这正是你的风格气韵，从你的朗诵里，我们品到的是一袭素颜声动天下的真实，是一生写照感动世人的真情。

世界因为有了你，而有了年华不曾老去的注解，我们因为有了你，而有了生命不曾黯淡的传奇。你的年华里，是永恒的信念和追求；你的生命里，是永远的善良和坚强。而今又沉淀出一种岁月的静远和从容，散发着跨越百年的执著和美丽。

在九十二岁的年华中，我们始终期待着你的笑容、你的快乐、你的声音……

正如艺术家佟瑞敏说的那样，如果有一款颜色能衬托你，那只能是红色；如果有一个词汇能形容你，那只能是美丽；如果有一种表情能解读你，那只能是微笑。

我想，如果有一种方式能聆听你，那只能是朗诵。

可诵坊

斯梅德雷沃国际诗歌节感记

田永昌

斯梅德雷沃是塞尔维亚的一座古老而又风景秀丽的城市。城市不大但有名,不仅多瑙河在这儿蜿蜒穿行,古城堡在这儿屹立,还有许多千年古树、古老的大教堂,以及最后一个王朝建造的夏宫等独特风光。以古城之名命名的斯梅德雷沃秋季国际诗歌节在这儿举行,这个在国际上有重大影响的诗歌节,已成功举办了四十四届,诗歌与秋色共舞,无疑更增添了古城的文化魅力和亮色。

诗歌节每届都设"金钥匙"大奖,今年的大奖得主是中国著名诗人赵丽宏。主办方盛邀赵丽宏赴会领奖,并特邀季振邦、我以及翻译须勤与会。

说实话,我参加过多次诗歌会议,包括国际性的诗歌会议,而这次斯梅德雷沃国际诗歌节最难忘。先是开幕式就别具一格,它不在剧场或大会堂,而是在书架林立的图书馆进行。图书馆中摆了台子,台子上摆满了世界各地诗人出版的诗集。会议在身穿白衣裙的青年男女组成的唱诗班的歌声中拉开序幕,接着由国际诗歌节执行主席、塞尔维亚著名诗人高朗先生,依次介绍与会的各国诗人。每介绍到一位诗人,这位诗人不仅站起来与大家打招呼,而且向图书馆赠送自己的著作。介绍完毕后,第一阶段便宣告结束。

随后,与会诗人驱车到达被多瑙河和葡萄园以及花草树木环抱的名胜古迹夏宫。就在这风光旖旎的夏宫后花园里,边品尝当地美酒边由诗人上台朗诵自己的诗作。诗声、歌声、碰杯声、交谈声,伴随着不远处多瑙河的水声,让诗

斯梅德雷沃市女市长向赵丽宏授"金钥匙"奖。

会进入了不一样的醉人境界。傍晚华灯初上,诗会又安排全体诗人在市中心有名的啤酒屋广场,边品美酒边开始诗人与市民的互动活动。广场诗会一完,大家又进入市文化中心,在这座音响设备完好的专业剧场里,除欣赏当地专业合唱队的演唱外,还别出心裁地由诗人上台演奏乐器,然后朗诵诗作。当俄罗斯诗人边弹钢琴边唱《莫斯科郊外的晚上》时,许多人轻声唱和,并报以热烈掌声,至此全天活动结束。整个开幕式由四个不同时间、不同地点和不同内容的版块组成,没有主席台和按职务高低排座,也没有繁琐的讲话和祝贺,更多的是美酒、美景和美诗,在浓浓的诗情画意中,所有与会诗人都得到应有的尊重和亮相,让二十多个国家的诗人,瞬间拉近了距离,增进了彼此间的了解,加深了感情。这点,至今让我难以忘怀。

"金钥匙"奖颁奖典礼是整个诗歌节重头戏。这天晚上,市长、议长、作协主席、中国驻塞尔维亚大使馆文化参赞和各界知名人士、著名诗人、诗歌爱好者等几百名嘉宾应邀与会,共同见证和祝贺中国诗人赵丽宏获此殊荣。塞尔维亚作

与会部分国家诗人在斯梅德雷沃街头合影。

协主席多米曰·安德里奇宣布：第四十四届"金钥匙"奖授予中国著名诗人赵丽宏。接着，女市长贾斯纳·爱芙娃莫维科把金光闪闪的金钥匙和十二万第纳尔奖金颁给赵丽宏；赵丽宏在热烈掌声中发表获奖感言；著名诗人德拉根上台动情地评说赵丽宏诗歌的艺术特色。随后的酒会上，各国诗人和嘉宾与赵丽宏和其他中国诗人碰杯，并请赵丽宏在获奖诗集《天上的船》上签名，等等。的确，这个诗歌之夜，由于赵丽宏的获奖，而让更多的国际友人，对中国诗人和中国诗歌多了一份了解，并油然而生敬佩之情。这些当然让我感慨，但更让我感慨不已的是诗歌节对诗歌的敬畏和尊重。因为奖是颁给赵丽宏的，他是今夜的主角，所以，所有的人都围绕着他，所有的光环都围绕着他，与会嘉宾不管官大官小全坐台下，只有赵丽宏长时间位居台中央。在以后几天里，我们不论走到哪里，很多人都通过电视和其他媒体认出了赵丽宏，在一家温州人开的超市里，女老板说她听说中国诗人在这里得了大奖，很是自豪，并执意要请我们吃饭。甚至在塞尔维亚国际书展上，一位坐着轮椅车的女读者认出了赵丽宏，说在电视和报纸上看到了，特地拿出她买的《天上的船》，赵丽宏非常高兴地签了四个字"宁静致远"。由此也让我深深感到，真正的好诗是没有国界的，它是连结各国人民友谊的纽带和桥梁。

诗歌朗诵会在风光优美的夏宫举行,会后上海三诗人合影。

诗歌节的闭幕式也别出心裁,它是以与会的所有诗人上台朗诵自己诗作的形式拉上大幕的。这晚,灯火辉煌的市文化活动中心舞台与以往不同——所有的诗人都是主角,都要站在台中央朗诵自己的诗歌。由于此次大会除了出版赵丽宏的塞文版《天上的船》外,还特地出版了塞文版的诗歌合集,内中有全部与会诗人的诗作、简介和肖像。这样,诗人先用各自母语朗诵后,马上便由著名演员用塞语朗诵。当与会诗人全部朗诵完毕,乐队高奏起《欢乐颂》,全场诗人举杯共庆,相互拥抱。这一刻是如此地诗意盎然,让人顿生感慨:这才是真正的属于诗人自己的节日啊。

我同样感慨的是,诗歌节没有一项是坐在那里空谈泛论。除了上述活动,其他所有时间不是组织诗人进学校,到幼儿园和社会福利机构,向他们赠书,为他们朗诵诗歌,就是冒着大雨,参加一位深受孩子们喜欢的当地已故诗人的雕像揭幕仪式。此外,这么大的一个国际诗歌节,工作人员前前后后也就那么两三个人。其中管生活和会务的只有一个人,这人永远手脚不停地忙来忙去,脸上总是笑嘻嘻的,中间还时不时地和大家热情拥抱一下。因此,我和季振邦常笑夸他是一个人的会务组。告别的那天,在贝尔格莱德我们下榻的酒店街头,我用手轻轻拍着他的后背,和他拥抱了好长时间。

我拥抱的何止是他,还有古老而美丽的斯梅德雷沃城!

可诵坊

赵丽宏朗诵诗作十二首

赵丽宏

编者按：一把诗歌的"金钥匙"，打开了一座文学的大雅之堂，一段曼妙的旋律开启了一场美丽的聚会。

2013年10月31日，为祝贺赵丽宏荣获斯梅德雷沃"金钥匙"国际诗歌奖，上海市作家协会和中共上海市黄浦区委宣传部等单位，在位于上海市中心的典雅老洋房思南公馆文学之家举办了赵丽宏诗歌作品朗诵会。

诚如上海市作家协会党组书记汪澜致辞中所说："赵丽宏先生荣获国际诗歌奖，是上海诗歌界的骄傲，要感谢赵丽宏先生！"是的，其实我们度过的每一个日子原本都很普通，往往因为一种因缘、一种心情而亮丽起来，那一刻因为一位诗人以及这位诗人创造出的非凡诗意，给一座城市、一个民族留下了一段闪光的记忆。

对赵丽宏而言，"这次获奖像从天上掉下来，很意外……塞尔维亚国际诗歌评委会一致通过把这个'金钥匙'奖颁给我，那里的人们追着说我是'诗歌冠军'。我说，'诗歌没有冠军'。颁奖时我说了获奖感言：'诗歌是文字的宝石，心灵的花朵，是从心灵的泉眼中涌出的汩汩的清泉。'"赵丽宏深信："诗歌不会过时，它们经过朗诵艺术家们的再创造，枯木逢春，死而复生！"

人们叹赏赵丽宏的诗是生命的印记，也是时代在诗人心灵中激起的浪波，读他的诗，无异于展阅一部精彩的人生长卷，获得一种心神交会的精神满足和登诗峰一览众山的美感升华。人们更赞佩赵丽宏的诗不仅可以看，也可以听。

他写的诗作始终不渝地注重继承汉语诗歌的优良传统，哲思精邃而深入浅出，意境高拔而诗风朴实；他的诗歌语言无不充满节律感，绝大部分都严格押韵，这在当下的中国诗坛上也堪称典范。

　　朗诵会上，焦晃、曹雷、过传忠、蔡金萍、刘家祯、狄菲菲、曹可凡、尹红、金芝仁等来自影视、广电等各界的朗诵家们倾情演绎了赵丽宏获奖作品《赵丽宏诗选》中的十六首佳作。这里我们选取"祝贺赵丽宏荣获斯梅德雷沃'金钥匙'国际诗歌奖暨赵丽宏诗歌作品朗诵会"的部分作品，并附上朗诵提示，与大家共享。

路　灯

有时候
仿佛变成了一盏
悬挂在寂寥夜空的路灯
期待着夜中行人

路是那么漫长
路是那么泥泞
以我微弱的光
为后来者辟一段平安
孤独中自有淡淡的欢欣
谁也不会注意我
去了又来
只有匆匆而过的足音
来了又去

只有——消逝的背影
连影子也背着我
仿佛在嘲笑着
一点可怜的光明

假如变成路灯
我不会因此悔恨
不断的足音
远去的背影
延续着，延续着
我的遥远的憧憬
让生命熄灭在一条活路上
我决不悔恨

1982年11月12日

【朗诵提示】

　　这首诗创作于1982年，这一年诗人从大学毕业，正值诗人的而立之年。始于1978年的"真理标准"大讨论尘埃落定，同年，"十一届三中全会"的召开，启动了中国改革的引擎。忧国是八十年代青年学子的自觉使命，诗人仿佛听到了时代的召唤，也意识到了自己应有的担当，于是希冀"变成路灯"，"以我微弱的光/为后来者辟一段平安"，哪怕改革和发展的"路是那么漫长/路是那么泥泞"，只要这条路连接着"我的遥远的憧憬"，只要这条路是一条"活路"，那我就"决不悔恨"，路灯的事业虽然"寂寥"，但对于愿意奉献的人来说，"孤独中自有淡淡的欢欣"。

　　这首貌似小品的诗，字里行间却蕴含着很大的主题，虽然不能扯着嗓子朗诵，但也不能把诗中的意脉给念散了，而要用真挚的情感吐露心声，用沉稳的语调表达浓烈的情怀。在"仿佛变成了一盏路灯"这三小节对环境的描绘和自身的感受上，节奏可以舒缓低沉，诵出夜路特定的氛围以及诗人心底的祈盼和热望。而对面临的困难，"谁也不会注意我""连影子也背着我"这些诗句，语气上力求读得超脱淡然一些。"假如变成路灯"这一小节要加强语言内在的力度，寓路灯以崇高的精神品质。"我不会因此悔恨""我决不悔恨"，朗诵时要用真切激荡的情绪表明心迹，声调昂扬，传递出诗人以"路灯"自喻的坚定至诚与无怨无悔的情感力量。

　　偶然读到忧国商人李嘉诚的一句话，无独有偶，他也提到了路和灯："我不惧怕死亡。假如我是一盏灯，能够照着一条路，……只有政治可以破坏它，因为不是我所能控制……"

（金芝仁）

莲 子

我一遍一遍
咀嚼着那些含泪的誓词
像咀嚼一颗一颗
尚未成熟的莲子……

你听说那颗
埋藏了千万年的莲子么
岩浆和暴雨风雪
都未能将它毁灭
也许是成熟于灾难
才能忍受
如此漫长痛苦的煎熬
当同类变成化石的时候

依然用生命
做顽强的沉思

只要有水
有阳光和土壤
一万年后
照样开花结实

你的空虚的誓词
只是一颗
没有生命的芽胚的
莲子

【朗诵提示】

　　《莲子》这首诗感情丰满，比喻形象，可以从不同的角度去解读：爱情、信念、理想。如果把爱情喻为莲，那么，"含泪的誓言"中，很多是经不起一遍一遍咀嚼的，因为它青涩、稚气、模糊，像一颗一颗"尚未成熟的莲子"。第一小节朗诵时，语调平缓柔和，"咀嚼""尚未成熟"等词语得点诵清楚。

　　第二小节用"埋藏了千万年的莲子"来说明成熟是需要付出代价的，必须历经岩浆、暴雨、风雪的过程，"成熟于灾难"，所以"才能忍受/ 如此漫长痛苦的煎熬"，最重要的是"依然用生命/ 作顽强的沉思"。当然，还需要"有水""有阳光和土壤"，这样"一万年后/ 照样开花结果"。这一节，要在语气中贯穿赞赏之情，强调一些关键的字词，语调从平缓渐变为激越，道出莲子蜕变的缘由。特别是"照样开花结果"一句，语意坚定，后四个字，要读得字字铿锵。

最后一小节,用对比来谴责那些"空虚的誓词"。之所以"空虚",是因为空在"没有生命的芽胚"上,鞭辟入里,发人深省。朗诵时可减缓语速,甚至一字一顿,谴责中带着些许遗憾,点出空虚的本质。

(月牙)

你看见我的心了么
——读"泰戈尔诗选"遐想

是的,我听见泰戈尔在问我
用他那神奇而又幽远的声音
——你看见我的心了么

我看见了
你的心像雨天里一只孔雀
张开色彩缤纷的思想羽毛
让雨中苦恼着的生灵们
睁大惊喜的眼睛
你的心像夜空里的一颗星星
闪闪烁烁,执著而又沉静
然而它却不冷漠,看得久了
就能在清泠泠的光芒中体会温情
你的心像开在净土中的素花
不动声色地吐露幽馨
你把你心的花瓣撒在世界上
让后来的人们去捡,去由衷叹息
哦,这是哪一位春神留下的脚印

泰戈尔在问我,他在问
用他那苍老而又年轻的声音
——你看见我的心了么

我看见了

你的心是飞鸟
尽情地用翅膀描绘天空
哪里有爱鸟的人群和树林
这飞鸟就会停在哪里歌唱
然后又自由自在继续飞行
你的心是月光
无声地铺洒纯真的宁静
这世界越是喧闹
你的月光就越是皎洁宁静

你的心是流水
在崎岖的山地，在平坦的原野
在荒凉的或者繁茂的田园中
潺缓地蜿蜒着你的晶莹
过去，现在，将来，有很多小草
因你的滋润而微笑着泛青

泰戈尔问：你看见我的心了么
我回答：我看见了

【朗诵提示】

泰戈尔是一位伟大的诗人。他的诗风滋润了很多中国优秀的诗人和作家，赵丽宏先生就是其中的一位。《你看见我的心了么》这首诗洋溢着作者对泰戈尔这位诗坛巨匠深深的感激和无限的景仰之情。朗诵者在准备这首诗时，应先对泰戈尔有所了解，对作者有所了解，才能产生强烈的共鸣，才能把作者对泰戈尔的感激、景仰之情准确地表达出来并传递给观众。

这首诗巧妙地用作者"我"和诗坛前辈泰戈尔进行穿越时空的面对面问答的方式，让人感到真切而又亲近。

朗诵要意在语先。开篇第一句"是的，我听见泰戈尔在问我"，倘若空穴来风、无问而答会显得突兀，也不容易摸着"调儿"。不妨开口前设想台下的观众都惊奇地问"这是真的吗？"然后再用肯定的语气告诉大家"是的……"，这样才能把观众带入你和泰戈尔对话的规定情境中。当说到"用他那神奇而又幽远的声音"时，眼前要浮现出泰戈尔正端坐在你面前，慈祥而又深情地看着你，要如见其人，如闻其声。"你看见我的心了么"是泰戈尔的问话，也是点题之句，要用泰戈尔的口吻，但不必着意模仿长者的声音。

随后就只有你和泰戈尔的两人世界了，你兴奋而感激地告诉泰戈尔"我看见了！你的心像……"，每说到一个比喻物象时，朗诵者脑海里必须浮现该物象——"雨天里开屏的孔雀""夜空里闪烁的星星""净土中盛开的素花儿"。朗诵时要看到孔雀色彩缤纷的羽毛，要感受到清冷星光的温暖，要闻到小花儿沁人的幽香。一定要由"感"（感触）而发，这样才能言之有物，才能感染观众。

中间那段"泰戈尔在问我，他在问……"应像开头一样，但语气较第一段要有所递进。全诗后半段那句"有很多小草/因你的滋润而微笑着泛青"，作者把自己比喻为"小草"，意思是很多像作者一样的后来人，在泰戈尔的引领下不断地成长，这一句要读出感激之情。

在结尾那句之前，应深吸一口气，然后满怀信心地说出"我看见了"。作者立志踏着泰戈尔的足迹，尽情地讴歌大自然，歌颂美好的人生！此时，作者和泰戈尔的心已经交融在一起了……

朗诵时既要清醒地意识到自己站在舞台上，面对无数观众，和观众交流；又要旁若无人地把自己置身于和泰戈尔神聊的超然境界之中。

（刘家祯）

黄河故道遐想

曾经是汹涌黄水的河床吗？
为什么听不见潮声轰响，
看不到浊浪排空的景象？
一片野苇，几星蒿草，
沐浴着萧瑟秋风，
述说寂寞和荒凉……

问遍地狼藉的乱石吧，
当年的黄河是如何在这里流浪，
像一个勇猛而又天真的莽汉，
曾经欢乐地呼啸着横冲直撞，
以为每一道峡谷都能通向大海，
以为每一片平原都能铺向远方……

却不料在一马平川上迷失了方向,
年轻的黄河啊,
你是如何在这里彷徨,
如何踯躅着倾吐心中的惆怅,
如何呜咽着呼唤遥远的海洋?

黄河已经从别处流入海洋,
为世人描绘出一个
百折不回的英雄形象。
年轻时的故事,
他一定不会遗忘。

你看这从高山带来的遍地岩石,
你看这曲曲弯弯的干涸的河床,
这是一行惊心动魄的脚印啊,
留在他曾经拼搏探索的征途上……

站在这片土地上沉思,
我听见了黄河古老的歌唱,
我听见他顽强执著的脚步
依然在前方回响。

1982年秋,北京—上海

【朗诵提示】

这是诗人在改革开放初期途经黄河故道时,睹物沉思,触景遐想,从而写下的很有分量的一首诗。

人们印象中的黄河总是汹涌澎湃,势不可挡。可如今,它曾流淌过的故道,却只留下一派寂寞与荒凉的景象。为什么会这样?只因为当年天真幼稚的它,曾在这一马平川的地方迷失了方向。走不通路,通不了海,年轻的黄河只能彷徨、惆怅,呜咽着呼唤遥远的海洋。

但黄河毕竟是一条汉子,跌倒了,爬起来,再前进。经历了一番艰苦的拼搏探索,以顽强执着的脚步,重又开辟了新的征途,找到了新的入海口,完成了一次艰难而又光辉的转移,实现了一次令人赞叹的新生。

首段朗诵要把握开篇之问:为什么曾经的"汹涌",变得"寂寞和荒凉"?应以沉甸甸的节奏,稍微向上的语调,读出一种秋凉瑟瑟的语感来,让人感到一丝压抑,却也发人深省。

次段朗诵换以清亮的语调开始,用些许的激越,去回顾"年轻的黄河"曾经的拼搏。这里,把握好句读和节奏尤显重要。语速渐快,又要徐疾得当,突出关键的字词,就会收到声浪冲击的效果,黄河感性的"莽汉"形象也就呈现出来了。需要注意的是，后半段语速减慢，以突出黄河的"彷徨""惆怅"。在先扬而后抑、先快而后慢的语调、语速变化中，显现感情的变化。

　　第三段是颂扬，对黄河——重新振起的英雄作为的颂扬。朗诵节奏变得稳健不迫，语调平静上扬。末段转而变得深沉起来，吐字更其顿挫有力，以略微上扬的语调，深沉的语气，激发听众去"沉思"黄河的"歌声"和"脚步"，沉思它"依然在前方回响"的蕴意……

　　诗里有情景的描绘，有历史的回顾，有激情的感叹，更有深沉的思考。要抓住黄河变道前后的对比，从总结历史经验教训的高度，去思考和朗诵这首"改革开放之歌"。

（过传忠）

你们不会背叛我
—— 致我读过的好书

是的，假如有一天
所有的朋友都离我而去
你们不会背叛我
永远不会，永远不会
你们已经铭刻在我的心里
已经沉浸在我的记忆中
在我思想的每一个角落

在我情感的每一根血管
你们无所不在，无时不在
任何力量无法驱赶
你们博大美妙的形象啊

在黑暗的夜间
你们是灿烂的星辰

照耀我漫长的旅途
崎岖道路上哪怕只剩我一个人
被你们的光芒引导着
我不会寂寞，不会迷失
我的患难与共的朋友啊
怎能忘记在黑暗中
我们亲密无间交谈
远离了那些仇恨的眼睛
只要一束油灯的微光
就足以载我随你们远走高飞
去寻找我憧憬的境界
我梦中奇妙的美景
……

是的，你们不会拒绝
任何人的求援和邀请
不管是豪华辉煌的官殿
还是简朴寒酸的茅屋
你们都乐于访问
如果遇到知音
便敞开襟怀，一吐心曲
决不会有丝毫保留和矜持
如果只是虚伪地敷衍
视你们为附庸风雅的装饰
可有可无的门客
你们就永远紧闭心扉
成为千古不解的迷津
……

当世界喧嚣不安
浮躁的人群如碌碌蝇蚁
如采蜜的蜂群飘飞不定
你们却沉静如无风时的秋水
让我在澄澈的水面上
照见自己孤独的身影
我可以投身于你们的怀抱
在浩淼的碧波中奋臂远游
洗尽身上的尘埃
充实虚空的心灵
当我被颓丧的烟雾笼罩
你们也会化作隆鸣的惊雷
把我从消沉中震醒
你们是我的路，我的航道
我的生生不息的绿洲啊
……

我用目光默默地凝视你们
我用思想轻轻地抚摸你们
我用心灵静静地倾听你们
我的生命因你们的存在而辉煌
我的生活因你们的介入而多姿
岁月的风沙可以掩埋我的身骨
却永远无法泯灭你们辐射在人间的
美丽精神啊
……

1993年4月26日于四步斋

【朗诵提示】

　　做好案头准备，想着自己曾经读过的"好书"，在朗诵时要充满对象感。

　　作品分为五段，虽然情感指向一致，但是每一段都有独特的角度。第一段节奏昂扬，奠定全诗的情感基调。注意"你们"的逻辑重音，具有呼唤、赞美的意蕴。第二段节奏变化为凝重，诵出所有灰色的日子里的"漫长黑夜，崎岖道路"的感受，而"我的患难与共的朋友啊……一束油灯的微光……"语势平缓而深沉，表达出人在逆境磨难中，精神力量之可贵。第三段节奏平缓，娓娓道来，注意两个"如果"的语调对应。第四段两个"当……"将内容分为两个小节，表达了作者面对纷繁世相的当下情怀，节奏是平缓的，但内心是激越的，抗争的，感奋的，节奏强烈，语调昂然上升。一个停顿后，松弛地吟出第五段的两组排比句，注意语调与感情递进："凝视""抚摸""倾听"是三个动词，要凸显逻辑重音，生动地演绎出人与书之间的关系。一个短暂的心理停顿后，冷静地诵出尾句："却永远无法泯灭你们辐射在人间的/美丽精神啊"，缓缓地，静静地，在心灵深处向"读过的好书"致敬。

（朱米天）

时　光

匆匆地来，又匆匆地去
你是世上最神秘的匆匆过客
还没容我看清你的面孔
你已经在我身后消失得无影无踪

我沉迷于"现在"的时候
你不动声色地把所有的现在
都悄然变成过去
就像从窗外吹过的微风

卷起树上的枯叶和地上的尘土
不留痕迹地飘向远方……

我想象有这样一个魔术师
把你封存进一个黑匣子
过一千年,再打开匣盖
看你如何融入新鲜的世界
面对陌生的生命大惊失色
那些猝不及防的花草
会不会在你抵达的瞬间
一千次萌芽开花凋零
那些猝不及防的男男女女
会不会在你突然降临的脚步声中
生而复死,死而复生
在一个短促的黄昏里
完成无数次死和生的轮回

如花似玉的面孔,突然
就布满了蛛丝般的皱纹
浑浊昏花的老眼,倏忽
又迸射出清澈明亮的童真……

当然不会有这样的魔术师
永远没有人能将你封存
连幻想也无法改变你的行程
谁想留住你,就像竹篮打水
喧哗流逝后,是寂寞的虚空
你是一个无穷的黑洞
把所有的悲欢忧愤都吸入其中
幽暗中有一个晶莹的出口
那是永恒的未来……

1997年3月3日于四步斋

【朗诵提示】

　　《时光》不由得令人想起朱自清的散文《匆匆》,可以说《时光》就是诗化了的《匆匆》。对照《匆匆》慢慢读,细细感受二者内在蕴蓄的节奏和旋律,尽管两篇作品格调不尽相同,但是两位作者不约而同地抓住了人们司空见惯、易于忽略的物象,展开想象和议论。这种想象,正是朗诵者应当贯穿朗诵全过程的。

　　韶华易逝,人生苦短,《时光》不仅明示要珍惜当下,更暗示"幽暗中有一个晶莹的出口",要相信"那是永恒的未来",光明的未来!这样的表述分明是诗意所在,深含哲理思想,全诗的朗诵基调应体现一种坚毅、自信和从容。

　　全诗四节,第一段既是形象的叙述,也是含蓄的说理——时光是来去匆匆的过客,朗诵的节奏应当是沉缓的,语调是平稳的。次节是难点,大段荒诞的想象——时光被封存又重回的情景,作者作了似惊却喜的描述,可以略高的语调、略快的节奏来表达。第三节是作者无可置疑的论断——"永远没有人能将你封存",朗诵重回稳健的节奏,加以坚定的语调。最后一节是点题深化,语调节奏绝对地稳健,将蕴意深刻的事理,字斟句酌地吐出,以达到点点入心的效果。

(金芝仁)

你的泪珠

你的泪珠在春风里飘落
一滴又一滴
把我的心弦拨动
你的泪珠在春风里流淌
晶莹一如青春河畔当初
……

亲爱的,你的泪水
会夜夜浸润我的灵魂
每一个梦中,我都要
在春风里和你携手而行
当年的桃花依然会为我们绽开
当年的小路依然会通向遥远
……

是的,岁月染白了你我的鬓发
时光正在我们的脸上刻画皱纹
然而记忆中的青春怎么会失色
当年,也是你我的泪水
流在我的心里孕育成珍珠
我用生命中最真挚的爱哺养着它
只要活着,它就会在我的心里成长

亲爱的,在欢乐的时刻

尽管忘记我　　　　　　我会听见
我希望欢乐是你一生的伴侣　　我的心会为你颤抖
在悲伤的时刻　　　　　　我会变成一只鸟
请呼叫我的名字吧　　　　　扑动着伤痕累累的翅膀
不管你叫得多么轻微　　　　飞到你的身边
不管我们隔得多么远

【朗诵提示】

　　这是一首动人的爱情诗。之所以动人，是因为它写于那个乌云翻滚、寒风肃杀的年代。当时，作者和心爱的恋人经常在陋室里，在油灯下，以互相赠诗的方式彼此慰藉，给予对方力量。这种爱不是一般意义上的"卿卿我我"，而是刻骨铭心的生命支撑！

　　几十年后他们不期而遇。岁月染白了他们的鬓发，沧桑刻在了他们的脸上，然而当年的一幕幕犹在心间……

　　这首诗千万不能刻意地大声"嚷诵"，而要倾诉——对久别重逢的恋人由衷地倾心而诉！朗诵者要有清晰的对象感，所有的话都是对着她——患难时的恋人说的，决不能无对象的"自说自话"，也决不能对着观众做自我欣赏的"朗诵表演"。语言要朴素、自然、内敛；感情要细腻、真挚、热烈。

　　切记：朗诵任何作品，动作不宜太多，不要画蛇添足；应把注意力集中在感受作品的意境，集中在作品内容和情感的表达上。

（刘家祯）

天上的船
——听阿卡多小提琴独奏

小提琴在他手中成了一只船
自由的小船，在音乐中远航
载着人世所有的欣喜和忧愁
也载着春日的花雨冬天的雪光
水面上风景旖旎瞬息万变
岁月的河流悄然在指尖流淌
一声叹息，绿叶从枝头飘落
银弦一颤，溪涧化成了汪洋

弓弦相吻传达出灵魂颤动
水面起伏滑过琴声的帆樯
船舷飞溅起晶莹闪烁的珍珠
天上人间的芬芳都在其中飘漾
我听见柔情的泉水在奔突蜿蜒

我也看到欢乐的泪珠漫天飞扬
谁也无法描绘航船的轨迹
导航的罗盘在大师心中深藏

拥抱提琴就像拥抱心中的恋人
琴弓起落犹如颤动的翅膀
水上小船变成了轻盈的鸟
穿云破雾在宁静的星空飞翔
屏息倾听来自天上的妙音
翱翔的小船正叩打每一扇心窗
心里有花蕾，此刻且开放
放逐浪漫的想象，到天地间游逛

1998年5月10日深夜于四步斋

【朗诵提示】

这首诗，诗人沉浸在小提琴家阿卡多演奏的乐感中，驰骋想象，带领读者在音乐的世界里漫游。

朗诵开头的"小提琴在他手中成了一只船/自由的小船，在音乐中远航/载着人世所有的欣喜和忧愁/也载着春日的花雨冬天的雪光……"，声音要缓缓而起，好像小提琴琴弦上悠然流淌出来的柔美音符。

朗诵时要身临其境，"看"到音乐的场景、画面，体会被旋律拨动时的细微感受，做到神到、心到、口到。"弓弦相吻传达出灵魂颤动/水面起伏滑过琴声的帆樯……"，朗诵这些诗句，只有心里有了感受，吐出来的声音才会有意境，有诗意，才能让人去展开想象，感受到音乐带来的无穷美妙与心灵上的震颤。

"我听见柔情的泉水在奔突蜿蜒/我也看到欢乐的泪珠漫天飞扬"，两句的节奏开始有些变化。后半部由提琴展开很多的想象，"拥抱提琴就像拥抱心中的恋人/琴弓起落犹如颤动的翅膀……"，节奏逐渐加快，其中"提琴""恋人"这些词语要点诵清楚。最后从"水上小船变成了轻盈的鸟"开始，语速节奏恢复到开始的柔缓，再慢慢地结束。

整首诗要用舒缓的基调来处理。

（蔡金萍）

我在哪里，我是谁

我在哪里，我是谁
我已经忘记自己在什么地方
周围的建筑像陌生的群山
在我视野中变幻起伏
我好像在很久以前就看到过它们
并且兴致勃勃登上过每座山峰
天因为它们而矮小
瞳仁因为它们而放大
幻想中把风和云都藏进了口袋
口袋因此膨胀成轻盈的气球

带着我飘向神秘的远方
还有那些匆匆来去的陌生人
那些失去了表情的面孔
无法判断他们的视线扫视何处
这世界有太多的东西值得他们浏览
以至于目光飘忽不知所终
到头来什么也看不清楚
只有云雾一般的迷蒙
我终于被他们迷离的目光看得晕眩
在寻找自己的位置时

突然发现已经迷失方向

我在哪里，我在哪里，我是谁
为什么我的眼前这么清晰又这么模糊
道路在我身后断裂成碎片
天空在我头顶翻卷成沙漠

我在哪里，我在哪里
为什么我的耳膜里一片轰响
寂静中也能听见风吼雷鸣
平稳中也能感觉到大地震动
我在哪里，我在哪里，我是谁

我只知道自己在地和天之间
我只知道自己在尚未到来的时间前面
曾经是未来的梦幻逐渐退到我身后
溶解在儿时读过的童话中
成为越来越遥远的历史

恍惚中忽闻有人嗤笑——
神经错乱，你不还是原来的你
世界不还是原来的模样
只是时光正在把生活悄悄改变

2002年3月于四步斋

【朗诵提示】

  这是一首向人们倾诉疑惑和迷茫的诗，既充满了浪漫的想象，又紧贴活生生的现实。全诗"四问"——四次问及"我在哪里"。

  首段揭示：周围的人和物，使"我"迷失了方向，从而陷入了深深的疑虑和迷茫之中。本段第一问：在社会剧变的环境中，问自己，问环境。这一问，要问得清淡、平和，不要太过唐突，要令听者能够静心思索答案。

  需用平缓的语调朗诵环境和人的剧变，平缓中不乏几分疑虑和困惑。关键句"口袋因此膨胀成轻盈的气球，带着我飘向神秘的远方"，暗示环境剧变带来的人们心态的剧变。朗诵应给重点词以适当的强调。结尾"我终于……迷失方向"三句，暗示着迷蒙、失位的普遍性。"突然发现"的朗诵可以略快，下半句则要以渐缓的语速、下沉的语调，显出深度的困惑和迷茫。

  第二段进入了思考，有着呼应首段之问的三次设问，渐次深入地探求上面提出的问题。

  第一问，暗示着"我"对沧海桑田的历史剧变的困惑，朗诵的节奏沉缓，痛含其中；

第二问,暗示我对现实的困惑:表面"寂静""平稳"的环境,却蕴含着深层次的震颤,朗诵时要将惊恐的情绪融入其中;

第三问,暗示着"我"对未来的困惑,"我"因而失去儿时的梦幻!朗诵的情感处理要由迷茫而显出几分无奈,语调渐行渐沉。

尾段引出别人的"嗤笑",表面上看,似乎是自我的解嘲,实际上是醍醐灌顶的棒喝。朗诵语气、语调要一扫以往的灰色,最后一句"只是时光正在把生活悄悄改变"的表达,无需慷慨,只要清明而沉稳地吐字,反倒给人以深度的启迪:环境在渐变,人们何须惊恐始终呢?幽默的"嗤笑"中不乏智慧的引导。

(过传忠)

我的座椅

木质凹凸,纹路沉静
椅背无声按摩我的脊背
面前是一台电脑
荧屏正闪烁现代光影
电流裹挟着声色犬马
文字在变幻跳跃飞行
……

关上电脑,转过身来

抚摸椅背上的木纹
突然感觉凉风扑面
座椅仿佛变成树桩
椅背上嫩芽萌动
青枝蔓延,碧叶丛生
普普通通的木质座椅
瞬间就长成一棵大树
将我笼罩于葳蕤绿荫
……

被键盘麻木的手指上
一圈，一圈，又一圈
扩展着大树古老年轮
我的身体在这扩展中缩小
心，却被新生绿荫羽化

羽化成自由的夜莺
拍拍翅膀，亮开歌喉
飞向幽远清新的山林
……

2009年3月21日于四步斋

【朗诵提示】

  这首诗朴实自然，寄托着诗人对座椅的深厚情感。朗诵时要用非常生活化的语调亲切地诉说，仿佛看到诗人坐在"木质凹凸，纹路沉静"的椅子上，面对电脑开始写作。"椅背无声按摩我的脊背"，这一句很关键，形象地点出了座椅与作者的关系。其中，"无声""按摩"等词语要饱含深情，用徐缓的语调点诵清楚。"面前是一台电脑/荧屏正闪烁现代光影/电流裹挟着声色犬马"，"文字"之所以能在现代光影和声色犬马中"变幻跳跃飞行"，正是因为座椅为我提供了宁静、舒适的环境，让我拥有这样良好的状态。

  后面两小节，"关上电脑，转过身来/抚摸椅背上的木纹"承接前一小节的感受，诗人诗意澎湃，激情难抑，并在想象中暗示了座椅的作用。"突然感觉凉风扑面/座椅仿佛变成树桩"，朗诵时要有画面感，展开想象，语调要读得深情款款，错落有致，突出"普普通通的木质座椅"给我灵感和激情，开拓我思路，启迪我智慧，虽然座椅在"扩展着大树古老的年轮"，而"我的身体在这扩展中缩小"，座椅不仅"将我笼罩于葳蕤绿荫"，还让我的心"被新生绿荫羽化/羽化成自由的夜莺"，这种依伴的感情，真挚、充沛，蕴含着对"座椅"深深的敬意和感激。

  朗诵者要纵观全诗，体味到诗人寄寓的深意：嫩叶，离不开古老的树桩，古朴的座椅，价值犹存。现代化的辉煌，理当向古老悠久的历史致敬。有此体味，才能准确地把握住朗诵的基调。

（蔡金萍）

路上的爱虫

两只小小的黑色昆虫
从草丛和灌木中飞出来
邂逅在空旷的水泥路面
收敛了飞翔的翅膀
却跳起爱的舞蹈

这里没有蚂蚁和蚯蚓的烦扰
没有落叶和草茎的羁绊
多么平坦的爱床
在草丛中压抑的激情突然释放
仿佛释放隐藏了一世的欲望

翅膀拍击着翅膀
须眉纠缠着须眉
颤抖着,战栗着,翻滚着
肢体在缠绕中分不清你我
风中似乎飞扬着它们的欢叫
回旋着它们忘情的呻吟

此时,一辆巨大的卡车
从前方轰隆隆驶来
宽厚的轮胎碾压着路面
而两只小爱虫
依然沉浸在它们的激情中
浑然不觉这即将来临的灾难
……

【朗诵提示】

　　这首诗不能不让人惊呼:作者对事物作如此细致入微的描写,从而表现出如此的戏剧张力!诗的字里行间表达出对爱情的追求、赞美、享受、陶醉、忘我,以至于被毁灭。全诗虽短,但脉络清晰、层层递进,主体分上下两部。宜用渐进式的基调变化:从轻松、活泼、欢愉,到沉醉、缠绵、激情、高潮、释放,将两只小虫的爱情欢歌一步步推向极致。作品至此却将画面转向了灰色的马路、轰鸣的车轮,所有的美好在刹那间不复存在,所以最后一段,要用略微厚重的语气,伴以略带漠然的声情,描述这一切的发生,唤起听者的愕然与思索:这悲剧为什么来得那么突然,以致猝不及防?顷刻间领悟:完美的事物终究短暂!这最后结尾的几句,要用深沉语气赋予足够的意味,以促人自省:小小爱虫之爱,竟是那么执著、真诚、义无反顾,那么人间之爱呢?

(尹红)

苏州河夜航

最后一缕晚霞
融化在蜿蜒的河里
天地间一切随之模糊
夜色是魔法师的幕布
戏法迎面而来
眼神五光十色

河流从天上挂落
挂成飞动的瀑布
星光月光灯光波光
糅合成一片迷蒙晶莹
天在水里，船在天上
人在水天间沉沉浮浮

河上夜鹭飞旋
雪花般掠过幽暗
掠过往昔的浑浊
时光在水影里层层叠叠
雪浪四溅
溅起久违的清澈

航船是一条沉默的鱼
被流水轻轻拥抱
探头四望
岸畔楼群如山峦
灯火闪烁的窗户
是万点星辰撒落山坡

潮声在夜籁中飘飘悠悠
飘悠如一声遥远长叹
叹不尽河道的曲折
闻一闻湿润的风
有清凉的甜蜜
也有温暖的苦涩

夜鹭拍拍雪白的翅膀
栖落在河畔树丛
树影鸟影在潮声里叠合
因为树，飞鸟便有了根
因为鸟，树林也有了翅膀
沉静和翔舞，在夜幕下汇合

2013年7月5日于四步斋

夜幕下的苏州河。

【朗诵提示】

　　这首诗带着我们领略了一次苏州河夜航的瑰丽景致。因为是在夜幕下的航行，所以基调相对平缓、安静，即使兴奋、激动，情感语调的起伏也以微澜荡漾为宜。而整首诗的层次，也如前行的航船，一步一景，一叹一回头，以景观画面的移行变化为依托，构成语言表现快慢徐疾的节奏感，船行、眼及、神至、声到、心留；看似如梦似幻的景物描写，却在不经意间表达了对人生、对岁月的感悟和对未来的期望。例如"人在水天间沉沉浮浮""溅起久违的清澈""叹不尽河道的曲折""有清凉的甜蜜/也有温暖的苦涩"，这些借景抒情的诗句，在朗诵时更要着重于表现它内在的意境和力量。最后三句"因为树，飞鸟便有了根/因为鸟，树林也有了翅膀/沉静和翔舞，在夜幕下汇合"，朗诵时应运用较为强烈的对比方式进行处理，树和鸟因为彼此而获得新生，沉静和翔舞因为彼此而更加突显，人和周围世界因为彼此而丰富多彩！

（尹红）

精英谱

他与坚守理想者同行

——记安徽省朗诵艺术学会会长杨屹

姜世平

素有"南秀北雄、襟江带淮"之称的安徽大地，近年来活跃着一个文化群体——安徽省朗诵艺术学会。说起这个群体，不能不提到它的领军者杨屹：花白的头发，淡定的神情，朴素的衣着；单看他的外表，你可能想不到，他曾是安徽文艺界多才多艺的领导干部，一个执著于朗诵艺术的追梦人。

童声飞扬

1948年11月，杨屹出生在合肥市一个普通教师的家庭。七岁那年，杨屹进入合肥市长江路第二小学读书，老师们很快发现，这个活泼的男孩，声音清醇、透亮，是一个难得的语言艺术苗子。小学三年级那年，一天课间，老师拿出一篇课文《每当我戴上红领巾》要他朗诵。还没读完老师就高兴地对他说："就是你啦！"原来班里准备组织一个集体朗诵参加学校的比赛，老师决定让杨屹参加。

比赛结果，杨屹的班级第一。赛后，合肥市"少年之家"的老师邀请他进入朗诵组。小学五年级，学校到杨屹班上进行语文公开教学，杨屹被指定范读陈然烈士的《我的"自白书"》，下了课，一位听课的老师特地过来拍拍他的头说："你呀，长大了可以当电影演员！"从那时起，杨屹对朗诵艺术有了兴趣，萌发了美好的憧憬："当电影演员，扮英雄，让人羡慕，真好！"在日后的岁月里，经过老师的悉心培养，杨屹的语言潜力得到了初步发掘，在小伙伴们的眼里他俨然是个"少年朗诵家"了。1960年，合肥市举办全市少儿诗歌朗诵比赛，他获得了一等奖。

后来杨屹升入合肥市第八中学，再后来进入合肥山南半农半读中专。这期间朗诵活动和他如影随形，张万舒的《黄山松》、柯岩的《眼泪潭》、高尔基的《海燕》，还有大型音乐舞蹈史诗《东方红》的朗诵词，都是他张口就来的拿手戏。那一阵子他对两本书爱不释手，一本是《朗诵漫谈》，另一本是《朗诵诗选》。前者给了他朗诵艺术的基础知识，后者让他获得了文学的滋养，郭沫若、何其芳、臧克家、贺敬之、郭小川、闻捷，读着他们的传世佳作，杨屹如梦如醉。

然而，青春的梦境被史无前例的"文革"砸碎了，如同千千万万的青年一样他被那个时代的滚滚洪流裹挟着，梦想流离失所……

青春溢彩

1978年，他和共和国一起步入了一个新起点，虽年届而立，却意气风发、神志昂扬。

这位怀揣梦想的大学生求知似渴，他要把损失的时间夺回来，将来做一个称职的语文教师，并让自己钟爱的朗诵艺术在教育的广阔天地里振翅翱翔。

机会总是垂青有准备的头脑。安徽师范大学（简称安师大）对推广普通话极为重视，大一期间，杨屹所在的中文系举办全系普通话朗诵比赛，他拿了第一，比赛一结束，就被校广播站站长王燕菊老师看中，当上了校广播员。

将近四年，杨屹一边埋头学习专业，一边刻苦钻研播音。他以专业播音员的标准严格要求自己，校正字音，练习语调，处理稿件，一丝不苟，精益求精，他的朗诵才能也因此而出类拔萃。当时大学校园里诗潮涌动，诗歌朗诵如火如荼，安徽师范大学中文系的朗诵活动尤其活跃。每逢诗歌朗诵会，杨屹总要被推到台前，他那抑扬顿挫、声情并茂的朗诵，总是让同学们着迷，成了朗诵会不可或缺的保留节目。许多年后，不少79级校友还记得：大二那年开学，中文系为一年级新生举办迎新晚会，系里要杨屹出个节目，他朗诵了自己与同学张晓陵合作并在校刊上发表的抒情诗《迎新会上的歌》，酣畅淋漓地抒发了青年学子报效祖国、建设四化的宏大志向和高尚情怀，在79级新生中激起了强烈反响。

这年，安徽省教育委员会举办全省普通话教学观摩比赛，要求全省各校选拔选手参加，安师大推荐了杨屹。此次比赛选手来自全省大、中、小学，比赛结束后，6名选手获得优秀奖，杨屹是其中唯一获奖的大学生选手。不久，国家教委、国家语委办在北京举办全国普通话教学成果观摩比赛，杨屹和其他几位获奖者一起参赛，他以特有的音质和不俗的表现，再次取得了优异的成绩，为全省大学生和安师大争了光。中文系的同学都为杨屹感到骄傲，但他却从不自满，他说："朗诵是我一辈子的喜好，而不是我沽名钓誉的荣耀。"

为官立德

杨屹是个"官"，但又实在不像官，这是他留给人的第一印象。

1982年7月，杨屹作为优秀毕业生，分配到安徽省委宣传部工作，这让多少同学艳羡的去处却并没让杨屹感到有什么特殊，他总是那样的低调，看不到有丝毫的志满意得。

1984年，杨屹凭着实学和才能，被破格提拔为副处级的巡视员，后来又历经新闻处和文艺处副处长、处长岗位的锻炼，不仅具备了较强的文字写作能力和即兴演讲能力，还展露出较高的组织管理水平。

杨屹虽然在仕途上一帆风顺，却恪守着这样的理念：一个人不仅要活跃在外部世界里，也应当生存在自己的内心世界里。1992年，随着市场经济大潮的冲击，社会上开始出现精神拜物教的倾向，朗诵艺术和其他许多传统艺术一样受到了冷落。身为文化领导干部的杨屹向同仁们坦陈自己的观点："文明的根本并不在其外壳，恰恰在其背后的精神内核。人们的物欲只有在文化的合理抑制和提升下，才能成为真正的建设力量。"他看到"朗诵已成为了艺术花园里的奇葩，一直以来深受大众喜爱，不论时代如何流变，它的艺术魅力永不褪色"。他不仅一如既往地探索着朗诵艺术的真谛，不断提升自身的朗诵实践水准，还瞅机会不时地为朗诵艺术"正名""张本"，他对朗诵艺术的未来充满信心。

那年年底，杨屹被选派到安徽

省霍邱县挂职担任县委副书记，负责文化教育和扶贫开发，他经常跑省城、下村组，为当地教育发展和脱贫致富奔波操劳。无论工作多么繁忙和辛苦，他都要挤出时间温习自己喜爱的朗诵艺术，他常常夜晚在房间里朗诵中外经典诗文，仿佛是在给自己疲惫的身体注入心灵鸡汤，这是他在那个特殊时期唯一的"奢华"享受。

1994年底，组织上安排他担任省文联书记处书记、党组成员，后来又担任书记处第一书记、党组书记。面对市场经济大潮的冲击，杨屹思虑最多的是如何建设一个充满活力的文化强省，提升安徽的文化软实力。他认为，"文化的繁荣是社会文明进步的显著标志，创作生产更多人民群众喜闻乐见的优秀作品，才是文化发展繁荣的重要标志"。对社会上出现的拜金思潮，他忧心忡忡，力主推出一批在全国独具优势的文艺门类和有竞争力的精品力作，推出一批在全国有较高知名度的作家、艺术家，以此来提升安徽文化精神食粮的供给力。

杨屹平易近人，风趣幽默。平时开大会发言，他正襟危坐，说一口纯正的普通话；私下跟大家拉呱，他喜欢调侃，讲满嘴地道的庐州方言。两种场合，判若两人。许多作家、艺术家见到他总要逗他一句合肥话"真崭！（真好！）"遇到文艺界举办文艺晚会，杨屹更少不了被请上台一展朗诵才艺，让大家一饱耳福。

杨屹与文化人打成一片，坚持正道直行，埋头苦干，作家、艺术家都喜欢他，愿意接近他。在文联这个"清水衙门"里他一待就是十几年。

杨屹不仅喜爱语言艺术，擅长朗诵，也爱好书法、收藏。闲暇时，不是读书诵诗就是读帖写字，享受高雅文化对心灵的滋润。他是中国书法家协会会员，但却从不张扬炫耀。出差途中，遇见中意的石头、砚台、青花瓷器等藏品，只要售价不贵，他总要淘上一些。他常常感叹自己囊中羞涩，许多心爱的藏品眼巴巴看着别人买走，自己无能为力，徒有羡鱼情。老同学相见，常常说他律己过严，他说："为人为官都要严守底线，富贵荣华不是我的追求，我更追求精神层面的东西。"

华丽转身

从省文联领导岗位上退下来，

杨屹朗诵《握手》。

杨屹没有丝毫的失落感，他坦然地告诉关心他的人："人如同硬币有两面，这一面此时或许有些暗淡无光，但将它翻转过来，另一面也许依然闪光。" 杨屹思忖：在当今文化多元的时代，各种文化现象光怪陆离，如何让朗诵艺术重焕昔日光彩，得到更多听众的首肯，也为社会提供正能量，他想到要有一个载体。

一天，老同学、老朋友相聚，香港宝文置业（安徽）有限责任公司董事长王大明先生提议成立一个朗诵团体，杨屹与他一拍即合，大家商议：创建一个全省性的民间社团组织——安徽省朗诵艺术学会。

杨屹清醒地意识到，安徽经济高速发展需要文化艺术包括朗诵艺术提振信心、提供精神动力。他动情地说："不只是我喜爱朗诵，人民群众也需要高雅艺术呀！"长期的文化领导工作使他体悟到：文化如水，滋润万物。尤其是在拜金思潮泛滥、物欲横流的当下，应该让高雅艺术从象牙塔上走下来，让朗诵进入寻常百姓家。

他请来了省内教育界、演艺界、新闻界和企业界一些志同道合的名流、贤达和传媒策划人，虚心征求他们的意见和建议，并同他们一起投入学会的筹备工作。2010年7月24日，安徽省朗诵艺术学会正式成立，杨屹当选为学会会长。他在主旨讲话中强调：学会要坚持"二为"方向和"双百"方针，他号召学会会员按照"高尚、高雅、高兴"的要求，开展丰富多彩、形式多样的朗诵活动，为安徽人民振士气，为家乡建设蓄能量！

2010年中秋将临，为了让学会在成立后尽快"亮相"，杨屹和副会长们决定在省图书馆隆重举办"月之中国——2010年中秋诗文朗诵会"，短短二十来天时间，一台别开生面、异彩纷呈的中秋朗诵晚会便呈现在了朗诵爱好者和观众面前。通过报纸、电视等媒体的宣传报道，全省各地一片赞美之声。

学会筹备之初，杨屹就在酝酿朗诵艺术普及发展的另一个举措：创建朗诵艺术沙龙。他认为朗诵艺术活动应当、也可以与休闲结合起来，这一想法得到了王大明先生的支持。于是学会成立大会上，以"宝文"命名的朗诵艺术沙龙同时宣告诞生。

沙龙起初只是学会内部的活动平台，但随着内容形式的务实创新，活动气氛的日益高涨，社会影响力的迅速扩大，社会各界的朗诵爱好者纷纷要求加入，有的还要求入会。为了满足这一可喜的大众文化需求，杨屹委托魏民、安妮两位副会长在省图书馆试办一期开放式沙龙活动。消息一公布，众多读者、朗诵爱好者踊跃报名，他们与学会会员一起登台朗诵，交流切磋，学会副会长和顾问、专家们也上台示范或点评，宝文朗诵沙龙一派红火，从此，沙龙"破墙透绿"，成了大众共享的朗诵娱乐活动。而几乎每次活动，人们都能见到杨屹，他还常常即兴登台秀上一段。杨屹坚信，宝文朗诵艺术沙龙一定会成为学会的一个响当当的品牌、一道亮丽的文化风景线。

杨屹和他的团队追梦的脚步一刻未停……

从2010年底开始，学会先后在安徽师范大学、合肥学院、合肥幼儿师范学院、马鞍山市红星中学等大中院校举办了四场"经典诵读进校园"活动；

2011年春节前夕，学会走进海军航空兵军营，举办了"迎新春·军地情——2011年春节联欢晚会"；

2011年7月1日前夕，学会及时举办了"光荣与梦想——纪念中国共产党成立九十周年诗歌朗诵会"；

2012年端午节前夕，学会与安徽广播电视台音乐广播联合举办了中秋广播诗会"又到端午——纪念屈原诗歌朗诵会"；

2013年8月，学会走进安徽省白湖劳改局，与该局联合举办了"读书励志诗文朗诵会"；……

每一场朗诵会，都因贴近现实贴近生活而激起强烈的社会反响，安徽省朗诵艺术学会声名鹊起。

然而杨屹并没有满足，对于朗诵艺术，他有着使不完的劲，断不了的情。他勉励伙伴们"百尺竿头，更进一步"，他期待着朗诵艺术之花香飘四季、开遍江淮大地的那一天！

杨屹带着他的团队，正演绎着人生"另一面"的别样精彩。

理论界

危机与对策

——当下朗诵态势分析

王 群

这个正标题似乎有点危言耸听，其实我是借用了20世纪80年代播音界泰斗张颂老师，针对广播电视界有人发出"主持诞生后播音过时"的言论，而出版的一本书的书名。如果说当播音遇到了主持，由于近亲博弈张颂先生因而产生了危机意识的话，那么当朗诵遇到了唱歌、舞蹈、影视、戏剧等其他艺术样式，这种近邻博弈难免也让我产生了一种危机意识。无论是近亲还是近邻，既然是博弈，总不能坐以待毙，缴械投降，而必须知己知彼、寻找策略才是。我想把朗诵放在当下一个较广阔的社会环境中，尝试对其现存状态及其发展趋势作一次整体性、宏观性、概括性的分析。

一、现状与危机

我的感想是因偶然看到网上的《秋雨》这首词而引发的。词中写道："月满西楼，清风半夜鸣蝉。古藤老树树影斑驳，河畔人家万家灯火达旦。西风渐下，余晖残照湖畔。花前月下耐人寻味，小醉桥岸岸上寂寥人烟。""人家"一词可两读，后面的"家"读不读轻声意思不一样。不知为何当我读这首词时不由自主地想到了轻声所表达的意思。我想到了"人家"声乐、舞蹈、绘画、影视、戏剧活动当下是风生水起，而朗诵活动相对而言则是波澜不惊，有点自娱自乐、孤芳自赏。我想到了"人家"群众性朗诵如火如荼，而艺术家的朗诵相比从前却有西风渐下之势。应该说这是一个无法回避的事实。

那么我的这种感觉依据是什么呢？基于当下朗诵活动出现的以下四种状况（或者看作朗诵艺术式微的四大原因）：

1. 队伍老化

不可否认，目前热衷于朗诵艺术的大多是中老年艺术家（老年艺术家更多）。我在思考：是青年艺术工作者中缺乏朗诵人才，还是有朗诵的人才而我们却没有发现？是这些青年艺术工作者朗诵水平的确不够，还是因为他们的朗诵虽然不错但由于不经常参加活动而影响不大？是这些青年艺术工作者虽然有水平但认为朗诵的平台太小而参与的机会太少，还是他们本身对朗诵艺术兴趣不浓？我的答案是：不是青年艺术工作者中缺乏朗诵人才，而是有朗诵的人才而我们却没有发现；不是这些青年艺术工作者朗诵水平不够，而是由于影响不大因此参加朗诵的机会不多；不是青年艺术工作者认为平台太小，而是他们本身对朗诵艺术兴趣不浓。由于上述种种复杂情况，朗诵艺术队伍老化、后继无人的现象就必然产生，我们不能不意识到这是当下朗诵艺术客观存在的一大危机。

2. 定位困难

在当下"娱乐至死"的社会背景下，朗诵艺术的定位很是困难，它不像歌唱、舞蹈、影视那样能上能下。比如说，唱歌可以分为美声、民歌、流行歌、原生态，高雅也行，通俗也成；再比如说，舞蹈可以分为芭蕾、民族舞、街舞，可以高雅，也可以通俗；还比如说，影视可以分为艺术片、商业片，高雅有艺术价值，通俗有观众票房。而朗诵艺术却有点不上不下，高雅不够，通俗又挨不上。朗诵艺术既不可能像国之精粹京昆，成为保护性文化；又不同于相声、脱口秀、二人转，因为缺乏流行性，不具备娱乐性元素，所以也很难成为广大群众喜闻乐见的艺术样式。它本身的先天不足，必然导致在如今的文化竞争中处于劣势地位，我们不能不清醒地意识到这是当下朗诵艺术客观存在的又一大危机。

3. 独立性不强

朗诵艺术不具备声乐、舞蹈、影视、戏剧那样具有独立性的艺术样态，它的依附性太强。众所周知，朗诵是以有声语言对文学作品（主要是诗歌）进行再创作的艺术活动，离开了适合朗诵的文学作品朗诵就不能成立。虽然声乐、舞蹈、影视、戏剧的创作也必须以歌词和歌曲、剧本为基础，但歌词和歌曲、剧本都是特意为声乐、舞蹈、影视、戏剧这些艺术样式而创作的，朗诵的文学作品本身不是为朗诵而创作的（尤其是现在特意为朗诵而创作的文学作品少之又少），因此，朗诵艺术的被动性就可以想象了。再者，尽管朗诵艺术已成为播音主持和话剧、影视表演的必考科目，可悲的是它不过只是艺考敲门砖而已，一旦艺术大门敲开了，这块敲门砖大多也就扔掉了。另外，尽管每每政治活动一来，朗诵立马配合，而热闹过后随着活动结束朗诵也就结束了，只是起到了一个喇叭筒的作用。功能异化，离朗诵艺术的本质渐行渐远，我们不能不清醒地意识到这是当下朗诵艺术客观存在的第三大危机。

4. 艺术性不够

当然，我们最重要的是必须看到当下朗诵本身的缺陷与不足。纵观当下专业的文艺工作者朗诵可以说是"流派纷呈""百花齐放"。从目前看到的专业朗诵艺术工作者的状况来看，基本上可以归纳为以下相互对立的三组：

（1）从声音来看：有"播诵派"与"狮吼派"之分。前者朗诵时声音如同播音，音量从不放大，太温、太文、太稳，缺乏舞台朗诵应有的情感张力，感染力不强。后者朗诵时声音如同吵架，音量大如雷霆，让人"振聋发聩"。

（2）从语言来看：有"体验派"与"表现派"之分。前者朗诵时比较注重对作品的内心体现，但往往是自我陶醉，表现力不够。后者特别注重语言外部技巧的展示，但内心依据不足。

（3）从动作来看：有"处子派"与"脱兔派"之分。前者朗诵时几乎原地不动，既无太多表情，又无任何辅助性的动作，或者有动作却很勉强、缺少美感，过分依赖语言和声音，忽略了舞台朗诵态势语言传递思想情感的巨大作用。后者表情过于夸张，甚至于毫无目的地满台舞动，大大减弱了朗诵应有的审美功能。

另外，朗诵者的辨识度不够。往往是不同的朗诵者朗诵同一篇作品时彼此风格大同小异，或者同一位朗诵者朗诵不同的作品时却是同一种味道，缺乏应有的创造性。少有朗诵者能做到"同而不同"；少有朗诵者能避免"不同而同",往往是个体色彩掩盖了作品风格。我们不能不清醒地意识到这是当下朗诵艺术客观存在的最大危机。

二、趋势与对策

危机的存在并不可怕,可怕的是我们不能在这个危机中找出一条出路。其实这些年的朗诵实践活动中,我们的朗诵者一直在探索,从内容和形式两方面积极进行尝试和变革。

1. 丰富内容

我曾与上海戏剧学院赵兵老师合著过《朗诵艺术创造》一书。书中序言一开头写道:"朗诵,像春天的惊雷,催人奋进;像初夏的细雨,润人肺腑;像秋日的清风,驱人愁云;像寒冬的阳光,暖人心房。朗诵,是百花园中一朵争妍夺目的奇葩。"如今朗诵的确如同网络语言中的"奇葩","春雷"多,而少有"细雨""清风""阳光",便难以与其他艺术花朵"争妍夺目"。无论是群众性朗诵还是艺术家朗诵大多数是"计划经济"产物,不属于"市场经济",只要能配合活动,什么样的作品都可以拿来朗诵,很少从艺术效果方面考虑。但我们发现许多朗诵活动的组织者和朗诵者,在朗诵会作品选择时除了考虑经典性、鼓动性以外,也多在考虑多样性、丰富性;一台朗诵节目,主题未变,但都在尽量避免一个基调、一种风格。这不能不看作是一个很好的发展趋势,也是应对危机的一个有效措施。

2. 变换形式

要改变朗诵艺术的目前处境,除了要考虑选择适当的、多样的朗诵作品以外,亟需转型,要考虑朗诵形态上的变化。比方说有的朗诵者采用了一种我称之为"戏剧化"的处理方式。

什么叫"戏剧化"?一是"台词化"。有的朗诵者已将有些作品的语言处理为台词,将作品中的语言以"说"的方式诵出,很是鲜活。二是"角色化"。有的朗诵者将自己设想成作品中的某个角色,甚至彼此设定为一定的人物关系,采用戏剧中的对白来朗诵,很是生动。三是"情景化"。有的朗诵者已经把朗诵舞台化,设定了规定情景,甚至调动了灯光、布景、音效、化妆来辅助朗诵,很是精彩。这不能不看作是一个很好的发展趋势,也是应对危机的一个有效措施。

当然，不是所有的作品都可以"戏剧化"处理，更不能形式大于内容，甚至于出现画蛇添足的现象。另外，很重要的是，"戏剧化"处理要尽可能地保留诗或散文原本的韵律之美，更不能将作品碎片化，破坏了原本的连贯性和完整性。

变换形式的做法还很多。比如"音乐化"，我们朗诵的现场配乐或与音乐节目同台出演；比如"节目化"，我们可以与电视台合作，策划一个朗诵艺术的电视栏目，而朗诵时可以像电视节目一样加强与现场观众的互动、交流，营造气氛。

总而言之，朗诵艺术进行变革的时机已迫在眉睫。我想只要大家齐心协力，进行广泛的传播，迅速创办专业刊物，立即组合较稳定的朗诵团队，积极寻找演出市场，朗诵艺术的第二个春天一定不会太远。

《中华朗诵》征稿启事

《中华朗诵》出版了，每年四期，是一种陆续出版的朗诵艺术读物。

《中华朗诵》渴望与你亲近，渴望读到它的人会识得朗诵艺术的好，从90岁的老人家到6岁的孩童，于朗诵中识得自己的声音与文学喜好。

来稿内容基本上是目录的范围，当然目录也会有更新请您留意；封二用作图片报道，海内外各类精彩的朗诵活动镜头欢迎来此分享。

字数参考：名家专访约6000字（附3~5张被访者生活或艺术照及图说）；学术理论约3000字；朗诵的经验体会约2000字；经典或优秀诗文的朗诵提示约300字；封二上的活动图片报道附约200字说明。

来稿请发本刊编辑部邮箱：zhonghualangsong@163.com；务请注明详细通讯地址（邮编），联系电话；一经刊用即付稿酬。

祈盼您来稿或批评指教。

校园大观

回眸"中国说"

彭世强

这是一所校园不大、名声不小的学校——中国中学！张学良将军书法镌刻的校名牌，格外引人瞩目。八十年来中国中学行进在爱国主义的道路上，历经风风雨雨、曲曲折折，为了回首校史，给师生以"中国缘、中国情、中国梦"的主题教育，校领导在积极研究着……

一定要推出《少年中国说》

中国中学的会议室里，校领导正在热烈讨论着八十周年校庆的活动方案，经过反复斟酌，"中国缘、中国情、中国梦"的主题确定了，校园文化墙的内容也确定了——刻上梁启超的《少年中国说》！

本着简洁、隆重而又有意义的活动原则，开幕式该如何拉开序幕呢？

在又一次校庆筹备会议上，语文教师出身的校长王亦群，紧蹙的双眉突然松开，她沉稳地表态："排一个梁启超的《少年中国说》的朗诵节目！"与会者顿然心头一亮：中国中学的校庆，朗诵《少年中国说》，这个主意太好了！

王校长的提议有根有据：20世纪30年代创办学校的有识之士，就是基于当时中国的东北已经遭到日寇铁蹄践踏的事实，基于"欲救亡图存，非教育不足以言此"的认识，才创办的中国中学。与会领导一致认为：我们朗诵《少年中

中国中学初创时期大门,上面赫然挺立着张学良书写的校名。

今天的中国中学。

国说》，就是因为中国中学长期坚持的是爱国主义的教育！

爽快的统一，化为了迅疾的行动。徐翊副校长立即上网搜索了有关的视频和配乐，并帮助统筹安排参与朗诵的人员，我也就因此被邀参与了这首大型朗诵诗的创作、排练的全过程。我为学校领导和老师的热情所打动，从他们的身上，我渐渐意识到了他们共同的心声：一定推出我们的"中国说"！

强烈的现场效果

马上就要拉开大幕了，我也按捺不住内心的激动，特地进入舞台大幕后面，想给演员们提醒几句，不料负责学生工作的老师，早已在那里反复叮咛了。

大幕渐渐拉开了，灯光照射着八名领诵的师生和八十名分列两旁的群众演员，他们精神饱满，各成四行站立在台阶上，他们朝气十足、活力四射，令我感到舞台上俨然有了两座青春少年的人墙，俨然是中国长城的一个局部！

深沉的乐曲声中，浑厚的男声领诵传递给观众的是沉重、伤感："在古老而荒芜的土地上，/颤颤巍巍地站起了一座民国的大厦。"紧接着略带嘶哑的女声领诵，又加上了一份愤懑、疼痛："军阀混战的硝烟刚刚散去，/膏药旗便在东北黑土恣意一插——"喜庆的日子里，听到的是沉痛的声音，但这是必要的历史回眸，动情的校史回顾！

老师们十分投入的朗诵，令台下许多老教师、老校友凝神屏息，内心却又唏嘘不已。梁启超的《少年中国说》已经被无数人无数次地朗诵过，然而大多一再慷慨，一再激昂，一再强音高调快节奏。但是，中国中学的舞台上，呈现的却是张弛有度的节奏和起伏变化的音调，仅以那一连串的排比为例，"少年智则国智，/少年富则国富，/少年强则国强"，他们的朗诵是有领、有合，有男声、有女声的变化调度，不是一味地提升调门加快节奏，而是渐响、渐高、渐快地推升，一轮一轮地递进，观众的情绪也随之而起伏共振。

当台上"纵有千古，横有八荒。前途似海，来日方长"的豪言铿锵响起时，坐在台下的近八十位初中学生，倏然起立，开始参与后面的合诵，当最后两句"美哉我少年中国，与天不老！/壮哉/我中国少

现场朗诵《少年中国说》。

年,与国无疆!"的尾声回环激荡于会场时,现场观众无不动容,我的眼睛也有些模糊了……

掌声不能说明一切,但是掌声可以说明一时——当时的观众真正地被打动了!

大家说《中国说》

著名影视演员、中国中学六五届校友、国家一级演员王志华老师,在彩排的时候,就赞扬说:"不错,不错!很有感染力。"他很专业地说:"没有一味的狂吼,很好。不过也不要过于理性,还要阳光一点!"王老师的提醒,也成了我临场前的提醒,然而毕竟紧张,同学们在大幕拉开灯光一照之后,"阳光",丢了,该有的笑容,没了。

演出以后,王老师说:"诗的主题跟我的母校中国中学校庆太切合了。老师和同学们的朗诵,很有激情,感情奔放,令人感动,到演出当天,效果就更加明显了。"当然王老师还是提出了"要再阳光一点就好了……如果那样,诗歌表达效果一定会更好!"

现场观看的张老师用了一个词——"震撼"。被震撼的何止张老师,连应邀出席会议的区领导也有此同感!

担任领诵的赵同学,原来并无太多朗诵实践,更没有担任过领诵。既无亮丽的声线条件,也不懂得朗诵的技巧。两句台词"八十年前满身伤痕的大中华,/左肩又遭列强的铁蹄践踏"让他深有体会。刚开始排练,他并无"满身伤痕""左肩又遭列强的铁蹄践踏"的痛感,反复排练,反复体味,逐渐找到了一些感觉。在老师的指导下,他增加了一个肢体动作,用右手掌轻抚自己的左肩。这一个动作前后练了好几回，刚开始，不是猛拍一掌，就是虚拍其肩。没有伤痛感，就没有恰到好处的表达效果，而最终呈现在舞台上的这个动作终于到位了，因为他深切的感受到位了。他说："经过老师的启发和自己反复的体味，我找到了感觉：这是形象地表达祖国的东北被日寇强占的事实，渐渐有了痛心的真实体验，在演出那天，我真情实感的驱使下，我自然地举起手掌，拍在左肩，这时候已经没有想到分量的大小，而是发自内心地一拍，当时我动情了，那一句台词也像是从我心里爆发出来的，结果声音也有些嘶哑了。"我非常感慨于赵同学的提高，这已经不单是朗诵技巧的提高，而是他对诗歌、对文字的悟性提高了。

　　一位担任群众演员的同学，一开始并不紧张，也没有背出来，觉得自己只要跟着大伙的节奏，像语文课读书那样就行了。通过排练，她慢慢觉得自己做得很不够，应当背出来，更要有感情。她深有体会地说："演出时大幕一拉开，看到下面那么多观众，一股气势扑面而来，我站在台上居然有了一种自豪感，渐渐地也忘了观众，自己情不自禁地走进了诗歌的情境中。"

　　她的发言带动了其他人，都认为过去语文课那种朗读，太缺乏感情了。如果能有这样的朗诵，不仅会打动自己，也会打动别人，参加这样的朗诵，很有收获！一位女同学说："在台上听到男同学浑厚的声音很有感染力，他们朗诵'乳虎啸谷，百兽震惶'的声音，特有气势！"男同学也觉得女同学的声音也有特点，朗诵"河出伏流，一泻汪洋"时，真有一泻千里的感觉。指导老师说："这就是集体朗诵的魅力！这首《少年中国说》，采用大型集体朗诵的形式，就能充分发挥男女声集体朗诵的声音特点，诗歌的磅礴气势，丰富的意象，就得以表现了。"还有一位同学更为激动："朗诵到'红日初升，一泻汪洋'时，我觉得眼前真的出现了旭日东升的情景，就情不自禁地热血沸腾起来，我完全沉醉在朗诵的声浪里了。"

　　朗诵者、听诵者，老师、同学，大家众说纷纭，其实，也就是一个主题：尝到了朗诵的甜头，感到了朗诵的魅力！作为一名语文教师，我更感到语文教学实在需要这样的朗诵，在课堂，在校园！

校园大观

我们的"中国说"

——中国中学80周年校庆朗诵诗

翠　岭

　　编者按：这是一首将原创的校园诗歌和梁启超的《少年中国说》巧妙嫁接的大型集体朗诵诗。2013年11月9日上海中国中学八十周年校庆的开幕式，就由这个一百六十人参加的朗诵节目拉开了序幕，其跌宕起伏的声浪、澎湃豪放的气势，把现场每一个人都带入了"中国缘、中国情、中国梦"的主题氛围中……

男1　　在古老而荒芜的土地上，
　　　　颤颤巍巍地站起了一座民国的大厦。

男　　　颤颤巍巍地站起了一座民国的大厦。

女1　　军阀混战的硝烟刚刚散去，
　　　　膏药旗便在东北黑土恣意一插——

女　　　膏药旗便在东北黑土恣意一插——

男2　　八十年前的满身伤痕的大中华，
　　　　左肩又遭列强的铁蹄践踏！

合　　　左肩又遭列强的铁蹄践踏！

女2　　有志之士发出了
　　　　"欲救亡图存，非教育不足以言此" 的喊呐——

合	发出了"欲救亡图存,非教育不足以言此"的喊呐——
男3	为了实现《少年中国说》的梦想,
	有志之士创办起了我校,名字取自国家!
男	君不闻"中国中学",掷地有声,
女	君不见"救亡图存",冲冠怒发!
男4	辛亥革命元老于右任先生,送来了办学宗旨:"智勇仁恕",
女4	民主人士柳亚子先生启示我们:"纲举目张",
男女4	张学良将军勉励我们:"乐育新民",
合	从此,中国中学行进在爱国立志的的轨道上——
男女1	《少年中国说》是我们百读不厌的经典,
领	《少年中国说》是我们百读不厌的经典,
合	《少年中国说》是我们百读不厌的经典,
男女2	"乳虎啸谷、鹰隼试翼"是我们的志向。
领	"乳虎啸谷、鹰隼试翼"是我们的志向。
合	"乳虎啸谷、鹰隼试翼"是我们的志向。
领	天地苍苍,乾坤茫茫,一代代少年大军浩浩荡荡!
合	天地苍苍,乾坤茫茫,一代代少年大军浩浩荡荡!
领	新时代依然不忘那百年风韵,
合	《少年中国说》的读书声,又在校园回荡!

女1	天地苍苍,乾坤茫茫,
男1	中华少年,顶天立地当自强。
合	中华少年,顶天立地当自强。
女1	少年中国者,则中国少年之责任也。
女领	中国少年之责任也。
男女1	故今日之责任,不在他人,而全在我少年。
男领	不在他人,而全在我少年。
女2	少年智则国智,
合	少年智则国智,

《少年中国说》的作者梁启超。

男2	少年富则国富；
合	少年富则国富；
女3	少年强则国强，
合	少年强则国强，
男3	少年独立则国独立；
合	少年独立则国独立；
女4	少年自由则国自由，
合	少年自由则国自由，
领	少年进步则国进步；
合	少年进步则国进步；
女领	少年胜于欧洲，
男领	则国胜于欧洲，

合	国胜于欧洲，
女领	少年雄于地球，
男领	则国雄于地球。
合	国雄于地球。

女1	红日初升，其道大光。
女领	河出伏流，一泻汪洋。

女	河出伏流，一泻汪洋。
男1	潜龙腾渊，鳞爪飞扬。
男领	乳虎啸谷，百兽震惶。
男	乳虎啸谷，百兽震惶。
女领	鹰隼试翼，风尘吸张。
男领	奇花初胎，矞矞皇皇。
女领	干将发硎，有作其芒。
男领	天戴其苍，地履其黄。
全合	纵有千古，横有八荒。前途似海，来日方长。

男女领	美哉我少年中国，与天不老！
领	与天不老！
大合	与天不老！
男女1	壮哉我中国少年，与国无疆！
领	与国无疆！
大合	与国无疆！
全合	美哉我少年中国，与天不老！壮哉我中国少年，与国无疆！

校园大观

"以读促悟"与"以悟促读"

——《石壕吏》朗诵教学随笔

盛 媚

翻开沪教版初一(上)的语文教材,"唐诗精华"单元中的《石壕吏》赫然眼前,杜甫其诗、其人,素有"民间疾苦,笔底波澜;世上疮痍,诗中圣哲"的美誉。

一群十二三岁的初一孩子,他们未曾经历颠沛流离,生命中满是阳光雨露,能够穿越千年,感受到战乱中的生离死别吗?能够体会诗圣的那颗悲悯之心吗?《石壕吏》本身又是一首蕴意深刻的叙事诗,课堂上可说的内容太多,我在短短45分钟里究竟教什么?怎么教?我困惑。

朗诵是语文教学最基本的教学方法之一,所谓"读书百遍,其义自见"。学生大声而有感情地诵读古诗,首先就要建立在理解古诗内容、感悟诗圣情感的基础上,所以借着公开课机会,我想尝试朗诵的教法,以培养学生"开口朗诵课文,用心体悟真情,动脑思考生活"的学习习惯。

备课时,我在古诗朗诵方面下了大功夫:

首先,我借阅了大量资料,从写作的时代背景、作者的创作意图等多角度加深对诗歌内容的理解。

其次,我一边朗诵,一边圈划关键字词,标注重音、停顿、语调等符号,然后有感情地反复练习。

最后,我找来了朗诵名家的版本,与自己的朗诵处理进行比照,提高自身的朗诵技能,以备在课堂上示范指导。

探索诗词朗诵教学的盛媚老师。

课堂上,我综合运用了"散诵、齐诵、个诵、对诵、范诵"等多种朗诵形式,围绕课文理解的切入点,"十读"《石壕吏》,设计了不同教学板块内、不同教学目的的朗诵环节,促使学生由浅入深地整体性理解诗歌;然后抓住诗歌的某些关键字词,激发学生感悟诗歌语言的凝练与准确。多种朗诵形式的阶梯式运用,激发了学生的学习兴趣,加深了学生的古诗理解,给予学生表达的空间,收到了"以读促悟"与"以悟促读"的良好教学效果。我把这一课文教学方式称为"十诵教学法":

一诵:学生散诵诗歌,熟悉课文,力求口齿清晰、读准字音。

二诵:学生个诵诗歌,教师借机对"逾""戍""妪""咽"等生僻字正音、释义。

三诵:学生齐诵诗歌,并思考:《石壕吏》主要叙述了一件什么事;如果用诗中一句话概括,是哪一句("有吏夜捉人");此时石壕吏为何要"捉人",等等。通过一连串的问题,引导学生步入《石壕吏》所处的时代背景中,让学生身临其境。

四诵:学生散诵诗歌,要求他们思考用怎样的感情朗诵,如果选用诗中的一个字概括,是哪个字,以此定下诗歌朗诵的情感基调:"苦",即悲苦的感情。

五诵:同桌对诵诗歌,想想老妇究竟"悲苦"在哪里,然后四人小组讨论,试着在诗中寻找依据。

六诵:通过对诗歌中关键字词的分析,加深学生对古诗的理解。每分析一层,教师就带领指导学生朗诵一层古诗,层层铺垫、步步推进。

七诵：老师领诵老妇的话，带领学生感悟中唐的战事之急、官府的征兵之急、石壕吏的捉人之急，老妪为了保全家中的希望，连命都豁出去的悲凉，从而归纳出造成老妇悲苦的原因——战乱。

　　八诵：学生齐诵老妇的话，体会老妇一家悲惨的遭遇。在前文的分析指导、情景创设之后，这一次学生已经完全能够有感情地朗诵老妇的话了！

　　九诵：老师范诵全诗，学生体会诗圣的情感，并在诗中寻找依据。学生在对文本有了之前的学习指导和内容理解基础之后，已经能够借助关键句"夜久语声绝，如闻泣幽咽"的理解把握诗圣情感了，并且在教师的引导下，通过对"如闻泣幽咽"与"但闻泣幽咽"的比较，如临其境，"看到"诗圣辗转反侧、难以入眠的情状，感受到诗圣心中满载的对老妇一家的同情。同时，明白了"如闻"可能是真的听闻，诗人知道只要战乱不停，老妇一家的不幸还没有结束，老翁、媳妇还是会陆续被衙役捉去，逃不过家破人亡的结局；也可能并非真实地"听闻"，老妇一家的哭泣，只是一种形象化的借托，用以刻画黎民百姓妻离子散、骨肉分离的悲戚。至此，学生对于杜甫这样一名小小文官，无力改变现实，只能深感无奈的处境和心情更加感同身受了。

　　十诵：师生朗诵全诗，全体师生再次浸润在杜甫诗歌所传达的悲悯情怀中。

　　杜甫的确能够在他的诗歌中凝聚一个时代的缩影，铸写历史；同时，我们又能时时刻刻感受到杜甫的那颗闪现人性光辉的悲悯之心，我想这是我们穿越一千多年仍然要阅读杜甫，并且世代传颂的原因所在，而朗诵无疑是学生们感悟杜甫悲悯之心的一把"金钥匙"！

　　编后语：坚持以朗诵贯穿教学始终，是要有点勇气的；以朗诵促进对诗文的解读，使二者融为一体，更是需要有一定智慧。细细品味盛媚老师的"以诵促悟，以悟促诵"，尤其是"十诵"之法，是颇值得语文教学参考的。这一"诵"—"悟"，相辅相成，圆了教与学共同的诉求。我们期待更多的语文教学、研究工作者，来这里倾心畅谈语文朗诵教学的真知灼见。

校园大观

高中课文《当炉女》朗诵指导

刘 侠

当 炉 女

去年，什么都是他一手担当，
喉咙里，痰呼呼地响，
应和着手里的风箱，
她坐在门槛上守着安详，
小儿在怀里，大儿在腿上，
她眼睛里笑出了感谢的灵光。

今年，她亲手拉风箱，
白绒绳拖在散乱的发上，
大儿捧住水瓢躞蹀着分忙，
小儿在地上打转，哭得发了狂，
她眼盯住他，手却不停放，
果敢地咬住牙根："什么都由我承当！"

【朗诵指导】

臧克家的这首《当炉女》收录在沪教版《高中语文》第二册中，写的是20世纪30年代旧中国的一位妻子，在丈夫生病的家庭中，她和孩子聆听着丈夫拉动风箱的声音，享受家庭生活的温暖和温馨。第二年，重病的丈夫离开人世，这个妇人陷入了窘迫的生活状态之中。自己拉着风箱，两个孩子一个帮忙，一个哇哇大哭，但是，这位年轻的母亲并没有退缩，而是毅然决然地扛起生活的重担，勇敢面对残酷的生活。

朗诵这首诗首先要把握好基调。它不是浪漫的抒情，也不是愤怒的控诉，而是一种隐忍中的担当。所以，朗诵时要控制好音量和音色，不要过分地柔和或者张扬，有人朗诵时处理成凄惨的哀嚎，这也是不合适的。正确的处理是：用比较缓慢低沉的节奏和语调，作为这首诗的朗诵基调，调化出古旧、暗淡的色彩。

当然，这首作品的朗诵还需要有变化、有层次。

诗歌的第一节中"他一手担当"，而"她"安详地守望着，家庭虽然贫穷，却弥漫着温馨的气氛，尽管这温馨中又因为丈夫"呼呼的痰响"而让人隐隐地担心着。朗诵时要在总体缓慢低沉的基调上，用柔和的声音，展现出这个中国底层家庭中贫困多病但和谐美满的短暂快乐。朗诵时注意尤其要突显出"安详""感谢"这两个词，把诗歌中妻子的内心感受恰如其分地展现出来。

诗歌第二节中丈夫这一家庭支柱的倒塌，给家里带来一片混乱，也给女主人公带来心灵上的沉重打击，但唯其如此，才能表现出在这样的生活困境下中国妇女顽强刚毅、不屈服于命运的精神。所以，朗诵时要在原有低沉的基调上更多一份坚定和顽强，用相对明亮的音色（注意气息，声音不要漂浮），朗诵出"手却不停放""什么都由我来承当"。要注意这份担当是一位家庭妇女无奈、隐忍中的担当，不可处理得过分激昂。

最后要注意的是朗诵时眼前要有画面，并努力用声音将画面展现给听者。"喉咙里，痰呼呼地响，应和着手里的风箱"，想象着一个虽生病却操持家务的男人形象；想象着扎着白头绳的"散乱"的发"大儿捧着水瓢，小儿在地上打转，哭得发了狂"体现出这个家庭萧索和杂乱的生活场景，朗诵时都要有画面感，为结尾突出这位中国女性的坚韧做好铺垫。作品中的"她眼盯住他"一句中的"他"很耐人寻味，这个"他"不是两个孩子中的一个，而是墙上遗像中丈夫的脸，这位年轻的妻子，眼望着丈夫的遗像，承担起丈夫遗留下来的家庭重担，这是一位传统的中国妇女对"爱和忠贞"的最朴实的诠释！朗诵者只有对这位妻子的内心情感有精准把握，并感同身受，才能恰如其分地传达出震撼人心的力量。

朗诵，点亮孩子的心灯

——《珍珠鸟》授课记

鄂文明

朗诵，是把文字作品转化为有声语言的创作活动，是用清晰、响亮的声音，结合各种语言手段来完善地表达作品思想感情的一种语言艺术。它是学习语言文字、驾驭语言文字和运用语言文字的重要手段，也是培养学生表达思想、发表见解的重要途径。

当下，分析课文内容的语文课堂，使学生们学得枯燥，感受无味。课堂上琅琅的读书声少了点儿，学生们静静思考体会的空间窄了点儿，往往这样的课堂上空，都有一层凝重的气息。语文课程标准中指出，要让学生充分地读，在读中整体感知，在读中有所感悟，在读中培养语感，体验品味。足可见，朗诵，在语文教学中的重要性。

一、把握文本的内容，有理解，才有真朗诵

许多文章，适合于揣摩、诵读。这次我教学《珍珠鸟》一文，文章语言看似直白，但却质朴、清新、耐人寻味。若学生能静静品读，细细体会，"动之以情，晓之以理"，老师的"讲问教学"也就渐渐消失了。

初拿文本，临文起敬。作为师者，也能够慢慢感受冯骥才先生对小珍珠鸟的喜爱之情。专家吴春荣老师手捧文本，与我细细咀嚼文字，此时他如手握神笔，点石成金，文字里，处处流露芳香。而我们，要做学生的引路人。

学生要把文章"诵"出来，首先，也要像我们一样，好好体会文本，理解文本。初碰文本，我让学生先自己大声诵读文章，一来是让学生充分了解作者写什么；二来用有声语言将文字读出来。我则一旁静静观察——学生朗诵态度认真，表情投入，且能做到"滔滔不绝"。渐渐地，声音越来越轻，大部分同学都读完了，学生们看我。这些让我明白了，孩子们是将课文"念叨"完了一遍，若此时，你说，"请同学们，再有感情地朗诵全文"，着实有些为难孩子们。

"课文能读通了，那么，能读懂吗？"

"能！"学生坚定。

"可不可以，语速再慢一点儿、声音再轻一点儿诵读文章？如果你读完一遍，对文章的某个部分比较感兴趣，可以再去读读。"

学生不解。于是拿起书，开始了又一遍的朗诵。我一旁静静观察：孩子们紧皱着的眉头，慢慢舒展开了，小家伙们语速也渐缓了，再等等，有的孩子边读，嘴角边露出一丝笑意。

我走到一个孩子身边，俯下身去向她"请教"，为何你读着读着会微笑？孩子先是一愣，然后反应过来："我感觉第四节里，那小珍珠鸟儿淘气得像我的小弟弟。"原来如此。我们要给学生充足的时间，让学生在课堂里静静读读文章，也给他们和作者思想碰撞的机会。

二、授人以鱼，不如授人以渔

有这样一个故事：吕洞宾一天"啪啪啪"用手一点，一些普通的石块一下子变成了金子，吕洞宾对他的弟子说："徒弟们，你们随便拿点吧，以后就有钱了！"弟子们纷纷向前，拼命地抢金子。只有一个徒弟站在那一动不动，吕洞宾看了看他，问他为什么不拿？那徒弟说："师傅，你还是教我点金术，行么？"

吕洞宾把他叫在了一边，教给他点金术。

作为老师，同样要授之以渔，教给学生们朗诵的方法。学生学会了停顿、重音、语速、句调等朗诵技巧，朗诵文章的难度也就降低了。当然，这需要一个积累的过程。

上课时，我们将第四节小珍珠鸟"一点点"亲近作者的过程，作为朗诵教学的重点段落。细细读来，耐人寻味。由于本段较长，写法上用连接词串联，所以我们深入学习之初将这一个过程分成了四个层次："小珍珠鸟从鸟笼四周来到屋内"为第一层；"在屋里飞来飞去到落在我写作的桌台"为第二层；"小家伙'嗒嗒'啄起我写字的笔尖"为一层；最后"我抚一抚它的绒毛它也不怕"为最后一层。

起初，我让学生自己散开来读，大声去读，接着请四名小朋友来读。孩子们读好后，大家开始举起了小手，各抒己见。有的孩子说，他们读得太快了；有的孩子说，读的时候平淡没有重音……

"那么，怎样读好呢？"我开始发问。无疑，这是课堂上的一个难问题。学生们用思索的目光看着我，我想，我应该帮助一下他们了。于是，自告奋勇，"老师来读读这第一层，你们看看老师在读的时候注意到了什么？一边认真听，一边仔细看。"

我开始读了，"随后就在屋里飞来飞去"当中的"飞来飞去"，我拖长语调，随之加上手势，然后抬头请学生们说说我注意到了什么；当读到"落""神气十足地站""撞得来回晃动"这些关键字词的时候，我会稍微提高声调，配以合适的动作，然后眼睛明亮地眨一眨，洗耳倾听孩子们的新发现。他们开始豁然开朗，灵动地自己读起了二、三、四层，读书声，也慢慢变得琅琅起来，那个灵动的小家伙也跃然纸上……

而陆澄老师亲自读上一段，朗诵名家真正进课堂，这无疑使学生的眼中充满了更多的惊喜、渴求，课堂顿时鲜活无比。

陆澄老师走上讲台，他亲自为小朋友们朗诵这一段课文。孩子们仿佛谁也不愿错过这千载难逢的好时机，细细地听着陆老师娓娓动听的朗诵，他们或是瞪圆了眼睛盯着陆老师的一举一动，或是眯着小眼睛嘴角挂着一丝甜甜的微笑，或是闭上双眼聆听，实为一种享受。这更加激发了他们对朗诵的热爱，孩子们端起了书，高兴地也读了起来，课堂里顿时飞出来五十只灵动可爱的小珍珠鸟……

朗诵可以激发人的情感美。声情并茂的朗诵有助于文中蕴涵感情的抒发，使静态无声的语言文字化为动态有声的具体情景，从而激发读者与听者的情感美。可以说，好的朗诵可以使读者、听者、作者的

冯骥才先生与陪伴他的小伙伴——珍珠鸟。

情感交融在一起,化为一种难以言传的情感力量,拨动人的心弦,撼动人的灵魂。

三、让朗诵,成为一种习惯

我们的朗诵课堂,不是一节课,而是要为孩子的文学素养做奠基。感受祖国语言美,不是一时,而要成为我们的一种习惯。孩子们有了朗诵技巧,有了朗诵欲望,他便会自觉不自觉地拿起一篇文字,就想去诵读,带着他的理解与感悟,这才是我们的方向。

朗诵不仅是一项活动,更是一门艺术,是语文教学中不可缺少、也不容忽视的内容,有其重要的作用。让我们真正重视朗诵,提高朗诵水平,让学生这一主体在朗诵中充分体现出来,让它的作用充分发挥出来。我们一起努力,让朗诵点亮孩子们一盏盏心灯。

校园大观

朗诵，献给父亲

乐 怡

> 我，凝视父亲
> 您下楼的背影
> 顿时，我惊讶地感到
> 年轮滚压的痛沉
> ……

这是我在2012年上海市徐汇区经典诵读大赛上，所朗诵的台湾诗人莫渝先生《背影》的第一段。和着沉缓的音乐，我朗诵着，倾诉着，眼前是诗人莫渝的父亲和我父亲的叠影——那重病缠身，却执意回归故乡山村的苍老背影。

"年轮滚压的痛沉"勾起我对父亲的回忆……

其实父亲的老家是上海茂名路一所三层的洋楼，虽不是什么显赫人家，但是父亲打小起也算是饱读诗书，满腹经纶。1958年，年届二十的父亲作为第一批支援内地的青年，来到了安徽一个小县城，从此，在那里安了家。

我从小在父亲的疼爱下长大，小时候骑在他脖子上看舞龙灯的情景，总在心间闪现。而印象更深的倒是自己在父亲的影响下，有了一口标准的普通话，于是，就年年被老师推荐参加各项朗诵比赛。

初中毕业时，我遇到了重要的人生选择：读高中还是技校？这是在当时"读书无用""技校吃香"的风气下产生的抉择课题。我两者都考，又都考上了！我茫然地去问父亲，一向少言寡语的父亲竟说了至今令我难忘的一番话："现在你面前有两双鞋，一双草鞋，穿上就能合脚；一双皮鞋，刚穿可能会磨脚。自己选择吧！"我的茫然，转为了埋怨：为什么不能直接告诉我该怎么办呢！

经过一个暑假的痛苦抉择，我走上了"高中—大学"的升学之路！大学毕业后来到上海，成为了一名中学语文教师。在课堂上，我用父亲熏陶出来的标准普通话，朗诵着一篇篇优美的课文，又在孩子们的琅琅书声中，感受到了职业的幸福。

多少年来，我一直想把老爸、老妈接来上海，共享天伦之乐，可他们总以"还是小地方好"为借口而拒绝。直到2009年我才把因患尿道结石的老爸接来住院治疗。2010年又因严重的静脉曲张，再度接来手术，手术前一复查，查出了父亲的肝脾肿大，已经是肝硬化晚期了！于是2011年，我又把老爸接来，度过了半上班、半陪护的一年。

当我从繁忙的工作中，停下脚步，走进医院，陪伴在老爸身边时，当我凝视着躺着输液的老爸一脸病容时，我开始沉重地回顾起自己这些年走过的路。我想到了老爸当年让我作草鞋和皮鞋的选择，猛然间醒悟到老爸简单言语的背后所包含着的深沉智慧。我望着老爸，心中默默地喊出了一声："父亲，我的好父亲……"

这一年是我和父亲距离最近的一年。因为越来越严重的水肿，父亲不得不反复住院。最后他拒绝住院。我深深地理解父亲"拒绝"背后的爱——体谅、关切女儿的深爱！我就每天上班时送他去医院输液，下班时接他回家。整整一个学期之后，父亲坚持要回老家。理由是，如果再这样下去，他会被西医"折磨"死，我也会被"折磨"垮的。态度坚决到没有任何商量的余地。

每当朗诵到——

年届一甲子的您
劳碌了大半生后
仅靠微薄的退休金
清淡地闲居故乡的山村。

我情不自禁地眼眶湿润了。那年，就是在纠结、苦涩的心情中，

为了父亲而朗诵的乐怡。

我把父亲送离了上海老家,送回了安徽故乡。此后,我的生活节奏舒缓了,似乎也轻松了很多,但实际上精神负担却很重很重。很长一段时间的清晨,我都会在噩梦中惊醒,为父亲的体谅而感动,更为自己的无能而自责,太想为父亲做点什么,可是却……

就在这时,我被推荐参加区里的朗诵比赛,正在犹豫不决的时候,读到了莫渝先生的《背影》,我忍不住潸然泪下。

当读到——

那天挽您下楼
看您蹒跚地出门
夕阳拉长您的背影
它狠狠地刺伤了我的眼睛
我的视线模糊
沉甸甸的酸楚,
堵塞了一阵又一阵……

我顿时感到这不仅是莫渝先生的父亲,分明也就是我的父亲!可又不全是我的父亲,因为父亲他不是为了能"清淡地闲居故乡的山村",而是为了减轻我的负担,才执意回老家孤独地承受病痛的折磨啊。

在反复解读、反复朗诵的练习中,我终于坚定了参赛的决心:父亲啊,女儿无法为你再做什么,能做的只有把这首诗献给你!于是我用着父亲教给我的标准普通话,带着对父亲深深的爱与愧疚,走上舞台,倾情朗诵了莫渝先生的《背影》。

当最后一个配乐音符落定,我的眼泪再次涌出。我获得了最高分,走出赛场,迫不及待地拨通了父亲的电话,电话那头,父亲一次次轻声而激动的"嗯,嗯",似乎看到了父亲老泪纵横的欣慰面容,我,再次潸然而泪下……

校园大观

星星点灯

徐　芸

星星点灯，照亮我的家门，让我找到未来的路。星星点灯，照亮孩子的心，用一点光，温暖孩子的心，星星满天，幸福满满。

我心中的灯在那时被点亮……

记得三年前的中华经典朗诵大赛，我从区级比赛突围，有幸参加市里大赛。参赛的前夕，组委会特地为我聘请了一位资深的朗诵教育家——唐婷婷老师，为我作了针对性的辅导。意想不到的是，唐老师皱起了双眉，对我说："你原先选择的作品，不是特别适合你。"我感到困惑：参赛时间已经逼近，临时更换作品，行吗？见我愁容满面，唐老师当即给我建议："你去看看《井冈翠竹》吧！"

哎呀，老师给我推荐的作品，肯定错不了！我顿时释然，喜上眉梢。立即找来作品，一读。啊，是一篇散文，我好像之前都朗诵诗歌的，朗诵散文，行吗？而且还是描写井冈山的竹子，我对它一点也不了解呀！我心怀忐忑。自己再读读作品，依然提不起兴趣。感觉文字很陌生，后面几段还有许多我都不知道的名词呢。但是，毕竟是唐老师建议的作品，一定有她的道理，所以，我做了许多案头工作：查阅了许多相关的资料，一读再读，一诵再诵。当再一次在老师面前朗诵时，唐老师听出了我背稿子的浓重痕迹，于是，老师又给了我一个建议：在朗诵前加一段电影《闪闪的红星》的主题曲《小小竹排江中游》的音乐。

果然，我被音乐带到了井冈山。我仿佛看到了山上一大片青翠的竹林，仿佛看到了绵延翠竹迎风摇曳的画面；仿佛看到了高者亭亭玉立，矮者楚楚动人的情景；我像是走近了井冈山的竹林。原先的文字，幻化成了感人的画面，我也由井冈翠竹的文字，想象当年的竹林里艰苦卓绝的战争，那挺立的青竹，犹如英勇的红军战士，成片的竹林，犹如成排、成连、成营、成军的革命军队。排排青竹分明是革命军队的象征，它们的屹立、起伏，俨然是向苏区人民致意！

在老师一再的启发下，我的朗诵有了感性的体味，诵到"这两只小小的竹筒，能引起老战士们多少回忆！看见它，就想起了竹筒饭的清香，想起了老表们冲过白匪封锁线冒着生命危险送上山来的粮食，想起山上缺粮的年月。那时，红军每天每顿只能用南瓜充饥"时，我不禁潸然泪下，心中油然升起对革命先烈无比的敬佩之情。点点滴滴的想象，让自己越发喜爱这篇作品，每朗诵一遍都更加地投入，我觉得自己不仅是一名朗诵者，更是作者的代言人，我也成了苏区的一员！我终于从"陌生"转为"亲切"，进而喜爱上这个作品了。

回想起来，是唐老师的指导点亮了我这颗星星啊，让我懂得并热爱上了朗诵。

点亮我的小星星……

这学期，我这名音乐教师当上了班主任。我用班主任的眼光发现了班里有几颗忽隐忽现的"小星星"。她们平时总缺乏自信，上课回答问题、乃至平时说话都非常小声。至于语文课朗诵，也就像背书一样毫无情感。我就想该怎么点燃她们的自信心呢？

于是，我每周选了一节课，举办经典作品朗诵会，让每一个孩子都有独立上台朗诵诗歌的机会。当接到报名表的时候，我眼前一亮，看到其中一位平日非常胆小的学生的名字！"没想到她也参加！"我心怀期待地看着她上台，她面带微笑，先是声音响亮地报了朗诵作品的名称，然后，带着感情完整流畅地朗诵完整个作品。她出色的朗诵，挑战了自我，爆发了自信，全班同学给予她热情的掌声。

朗诵会后，我问她："雅文，今天为什么这么勇敢地为大家朗诵啊？"她说："徐老师，上次我们看到你在台上表演朗诵，我很羡慕，也想像你一样。"说完害羞地一笑。我豁然开朗，原来自己一次不经意的朗诵，竟然点亮了这颗原本不自信的小星星，她开始有了追求的方向，开始发光发热！

朗诵，居然也可以成为点亮星星的火种啊！

更多的星星，点亮了……

我们学校有很多学生朗诵活动，我也承担了许多辅导任务。去年，临时接到一次去市里参赛的任务，我就立即召集了二十名三四年级的学生。但是，拿什么作品去参赛呢？我想到了唐老师的提醒，思考斟酌了半天，找到了适合他们年龄、个性的作品——《帽子的秘密》。

孩子们拿到稿子后，很快就能背诵了，但没有现场感。为了让紧张而不在状态的孩子，能够尽快地找到感觉，我决定作一次形象的示范。我模仿起小学生的样子，通过语言来充分表达"对哥哥帽子"的喜爱和好奇。特别在朗诵"这顶帽子的颜色可真蓝，漆黑的帽檐亮闪闪，别说把它戴在头上，就是看看心里也喜欢"几句时，我特地加了"举起帽子，最后放在心上"的动作，用肢体语言增加表演的形象性，也让我的朗诵更为逼真。经过我们师生之间的反复练习、磨合，孩子们渐渐地从模仿中摆脱出来，进入了自如的表演，还加入了适合他们年龄的动作。我从他们的一词一句、一举一动中，欣喜地看到了他们对作品的理解，他们开始触摸到了诗朗诵的真谛。结果，我们获得了这次朗诵比赛的第一名，这可是不少同学有生以来的第一个"冠军"啊！他们兴奋的神情，绽放的笑容告诉我：他们心中的小星星，已经开始闪耀了。

校园大观

我有一个梦想

胡程皓

"每个人心中都有一个梦想,它正等待着适当时机,从人们的心底绽放,勾勒出五彩缤纷的世界。也许只要我们努力,梦想就能够成真。告诉你,我有一个梦想。"这是我最近一次朗诵比赛的内容。它令我难忘。那么就让我给你们讲讲吧!

那是一次"七彩杯"朗诵比赛,根据大赛通知要求朗诵的主题是自己的梦想。因为我喜欢写作,妈妈鼓励我自己写朗诵稿,我心中很是欣喜,认真地开始了我的创作——《我有一个梦想》。

我先把初稿写在白纸上,不到一小时700字的文章就完成了。然后请妈妈修改,她只是笑着提了点建议,我只能继续埋头修改补充。经过我和妈妈的反复推敲和修改,一篇朗诵稿终于有了"雏形"。这还不够,我反复朗读,又挑出一些不通顺和听起来不太明确的句子,加以修改,这才有了一篇正式的朗诵稿,啊,不知不觉中,稿子竟然有近千字啦。

接着,就要开始练习朗诵了。记得,每天晚上一做完作业,我便投入到练习中。一遍、两遍、三遍……,练得我口干舌燥,嗓子火辣辣地疼。我去倒了杯茶,喝下去感觉好多了,可嗓子还是不舒服。不想练习了,我想打退堂鼓。"练习!"妈妈的目光温柔而坚定:"不能放弃!"于是,我只好硬着头皮继续练习。一天、两天、三天……，终于能熟练地背诵稿子了。在训练时，我仍然发现还有个别语句不顺口、用词不贴切的小问题，稿子不断被修改，朗诵也不断得到提高。

接下来的练习更难，是在语音、语调上的恰当处理，还要加上适当的肢体语言。妈妈教，我模仿。经过两个晚上的语言和动作练习，我已经把动作要点和时间点掌握得相当熟练了，可经常在一个熟练动作的后面会出现一个背诵的"卡壳儿"，一时间，我总是紧张得根本想不起来下面该讲什么。"没关系的"，妈妈安慰我说，"慢慢来。"终于，我能声情并茂地流利朗诵了！

朗诵比赛那天，妈妈带我去赛场。路上，妈妈鼓励我说："你一定能行！相信自己！通过努力，去勇敢实现自己的梦想吧！"进了考场，我被老师安排在"第一教室"。一开门，几个和蔼的评委老师坐成一排，笑吟吟地看着我。我开始朗诵了，认真地听着。"我的梦想究竟是什么呢？告诉你，我有一个梦想，就是当一个作家……"。我演讲到一半，突然意识到刚才好像少讲了些什么，忽然，一个念头在我脑海中闪过，啊呀！坏了，漏了整整一小节啊！我心里很是害怕，嘴里念着"我写的最短的一篇日记是坐飞机去青海西宁，那时……"，心里犹豫不决地想着到底是继续讲下去，还是倒回去补充背诵呢？正在我忐忑不安的时候，我鼓起勇气看了看面前的评委，他们正全神贯注地听着，面带微笑地看着我，时不时鼓励地点点头，我想明白了自己写的朗诵稿应该可以自己即兴改编，于是鼓起勇气，继续自信地富有激情地朗诵着，气氛达到了高潮，"有梦，有努力，就有成功！我现在，正踏着前往梦想的路上，努力朝着前方的路迈进，我相信，只要我努力，这个梦想就一定能实现！"

琅琅博士

朗诵与朗读有什么区别？

张树玉
学生
上海视觉艺术学院播音主持专业

在有声语言活动中，我们常常发现朗诵和朗读、演讲在称谓或表现形态上会出现混淆的情况，其中最难分清界线的便是朗诵和朗读，这一现象直接影响到这些有声语言活动水平的提高和发展。

"朗诵"也好，"朗读"也好，相同的都有一个"朗"字。"朗"就是"清晰响亮"或"大声"的意思（但并非越响越大声越好，而应该根据与听者的距离以及具体的内容来确定音量），而"朗诵"和"朗读"之间更有很多不同之处。

什么是朗诵？根据《现代汉语词典》的解释，"朗诵"即"大声诵读诗或散文，把作品的感情表达出来"，而"朗读"即"清晰响亮地把文章念出来"。因此，我们不妨可从以下几个方面将"朗诵"与"朗读"作个全方位的比较：

首先，从性质来看，朗诵是一项对文学作品进行再创作的艺术活动。它使纸面上的文学作品成为有声语言表演作品，供观众或听众欣赏。因此它具有表演性质，具有明显的演出目的；而朗读则不然，它只是一般的有声语言活动，其目的是为了自己或与大家一起来学习或了解某篇文章，不存在丝毫的表演成分。

其次，从手段来看，朗诵者除了运用自己的声音、语言之外，面对观众的朗诵还可通过自己的眼神、表情、手势、身姿，甚至可以增加一些辅助效果，如以相应的音乐、化装、灯光乃至布景来强化感情的表达和意境的渲染；而朗读则无需这些手段。

再次，从语调来看，朗诵很注重语势、重音、停顿、节奏及气息技巧的处理运用，富有很强的音乐性及感情色彩；而朗读虽也需抑扬顿挫、轻重缓急，但只要语意清楚、舒缓不迫、字字分明就可以了，语调变化不必太大。

另外，从文体来看，朗诵的对象仅限于可以琅琅上口的文学性作品，如一些诗歌、散文、寓言、小说以及话剧和影视剧中的独白、对白片段等；而朗读则涵盖各种文体的文章。

最后，从文字处理来看，朗诵者在进行二度创作时，不仅可以将作品文字在深入理解后运用各种技巧手段表达出来，有时还可以对作品做一些必要的删改。如有些小说太长需要进行删节，只朗诵其精彩片断；有一些小说或寓言中常有"某某笑着问""某某愤怒地回答"一类交待性的文字，因为朗诵者完全可以用音色、语气、语调及视线的变化使听众或观众将彼此区分开来，所以这些交待性的文字完全可以删去，否则就会打断朗诵者和听众情绪的顺畅传递和接受；还有一些书面语色彩太浓的词语应该改成口语化词语，如"蓦地"不妨改成"忽然"或"突然"，以便听众听辨。当然，删改时要慎重，万不可伤筋动骨歪曲了作品的原意或精髓，否则就适得其反了。而朗读则大可不必费此心思（严格意义上来说应该尊重原著不要改动，如普通话水平测试中的朗读文章），只要"照本宣科"将文中的意思清晰地读出来即可。

因此，我们可以给朗诵下这么个定义：朗诵是一项以有声语言对文学作品进行再创作的艺术活动。

琅琅博士

问

什么是"语文朗诵教学"？

张瑞琪
退休教师
上棉29厂幼儿园

答

"朗诵教学"不应理解为"教学朗诵"，它不是在完成课文讲解之余，另行传授朗诵知识，进行朗诵技能训练，把课文的教学和课文的朗诵割裂开来；而是在课文的分析讲解、语文知识的传授中，注入"朗诵"这一元素，形成一个语文教学的有机整体。

中小学语文课文，绝大多数为形象生动、意境优美、情感丰富、语言活泼的文学作品，作品中的每一词、每一句，表达的是大千世界多姿多彩、生动无比的情景事物，当这些情景事物通过文字符号出现在书面上时，是静态的、平面化的；而当我们把这些文字符号转化为声音符号时，朗诵者可以驾驭着停连、重音、语气、语调、音色、音量等丰富的语音元素，以及表情、动作等态势元素，让那一情一景、一事一物"动"起来、"活"起来，有声有色地"还原"出来。在这样的情形之下，老师亦讲亦诵，讲诵交融，对于课文的解析、词句的诠释，无疑会增强直观性、形象感，起到事半功倍的效果；学生亦听亦诵，口耳结合，知识的接受"双管齐下"，更有着形象思维、立体记忆的作用。"朗诵教学"在现代语文教学中的作用由此可见一斑。

琅琅博士

我一上台朗诵就紧张，一紧张就出错，该怎么办呢？

李艳
青年社工
上海漕河泾街道办事处

　　朗诵状态正确与否是朗诵成败的关键。中国传媒大学教授、博士生导师张颂认为正确的朗诵状态首先是精神状态正确。

　　朗诵者应该信心百倍，积极主动，也就是需要朗诵者引发出比较强烈的朗诵愿望和信心。这种信心和愿望，必须是出于对朗诵本身的兴趣和爱好，发自于对朗诵作品的理解、感动和欣赏。要知道朗诵并不神秘，人人都可学，有口皆能诵；但朗诵也并不简单，必须通过反复诵读、细心体会，才能使字字有依据，处处有变化。只有从认识上解决"战略上藐视，战术上重视"的问题，朗诵时才能够获得从容而不紧张、积极而不急促的正确状态。

　　具体来说，一方面要求朗诵者对朗诵内容十分熟悉，并且已经化为自己的理解和感受，领略到了"个中滋味"；另一方面要求朗诵者对朗诵进程能够驾驭，能够做到声声入耳，字字含情，一鼓作气，善始善终。

琅琅博士

我的嗓音很一般，说话、读书自己听来也淡而无味，这样的声音基础可以学好朗诵吗？

邵俊
企业白领
陆家嘴金融资产交易股份有限公司

朗诵，是声音的创作活动。声音的质感、美感以及辨识度，一定程度上会影响到朗诵的效果。

不过，虽然每个人的声音条件是天生的，但通过长期的修炼能够改变先天的很多不足，最终能够使音色变得富有美感。关于朗诵的音色，总的要求是呈现出稳定、饱满、结实和通透的状态。

首先你得了解自己的声音，就好像经常面对镜头的人，他非常清楚自己对着镜头什么角度最好看。那么声音也是如此，发声位置在很大程度上会影响到音色的呈现。声音的虚、抖、散、憋，不仅影响实际听感，也会产生语气的偏差。这就需要你通过反复摸索，找到最适合自己的发声位置。再比如：共鸣腔的开发对于音色的塑造也起着相当重要的作用。好的用声者用在声带上的能量只占整个用声能量的五分之一，剩下的都用在控制发音器官的形状与运动上。利用共鸣就可以让你在朗诵时声音自然舒展，同时还可以丰富音色。

因此，无论你拥有怎样的声音基础，只要愿意接受系统训练、愿意不断努力，你的声音会变得更有吸引力。

琅琅博士

琅琅博士

为什么"朗诵"在大家的意识里总是显得太夸张呢?

张畅敏
售后服务班组长
上海燃气市北销售
有限公司

之所以会对朗诵产生这样的误解,是因为不少朗诵者普遍存在"重技巧轻内涵"的问题。朗诵的过程是把诉诸人们视觉的书面文字转化为诉诸听觉的有声语言的过程,但如果仅仅满足于单纯的声音变化,缺乏驾驭语言的灵气,那就会使得"朗诵"流于形式失于肤浅。

作为一种可以当众表演的独立的艺术形式,它需要寻找一种艺术加工的方式,将美的文字、微妙的感觉,以美的形式展现于大众面前。这种艺术加工方式,一方面,对于抑扬顿挫的音乐美和声情并茂的情感美有着很高的追求;另一方面非常讲究表达的规范性和凭借性,比如:要用普通话语音规范表达,要依原作的内容和情感再创作。这就要求朗诵者深入理解作品、调动生活积累,用自己的真情实感再现文学作品的思想内涵。成功的朗诵者,总是将自己与文字、与环境融在一起,力求带给听者身临其境的艺术感受。从这个意义上来说,朗诵自然就不像唱流行歌曲那么随意,也不会如同生活中的交谈那么自然了,它应该是文字作品与有声语言的融通升华。

琅琅博士

口诵笔谈

朗诵，是一种美好的沟通

孙渝烽

　　朗诵不仅是一种传播方式，更是一种特殊的沟通方式，是人们交往中极为美好的沟通方式。它能给人们的心灵带来启迪与感悟，能给人们的情感带来快乐和愉悦。

　　在朗诵方面我算是个新兵，2000年在孙道临老师的带领和指导下才开始参加一些朗诵活动。2007年，孙道临老师永远离开了我们。但是我们这批朗诵爱好者们一直在推广普及朗诵这门又特殊又美好的人际交往沟通艺术。

　　记得有一年上海民革市委组织春节联欢会。他们要我出个节目。为此，我准备朗诵诗人邵燕祥写的诗歌《谜语》。曾经听说上海人艺老演员陈奇老师朗诵过这首诗，并且非常成功：她在处理这首诗上别出心裁，先在台下朗诵前半段，然后登台重新完整朗诵一遍，效果出奇地好。那天，我也采取这种处理方式朗诵这首诗。节目主持人报幕刚结束，我就从座位上站起来朗诵，一下子把全场的注意力都吸了过来，我边朗诵边走上台，上台后又重新朗诵这首诗，我的一举一动牵动了大家的目光。最后，在热烈的掌声中结束了朗诵。一回到座位上就有好几位老师凑过来："孙导，能把这首诗写给我吗？这首诗太好了！"有人干脆把地址留给我，要与我保持联系。

　　第二天，我就接到一位中学老师的电话说："这首诗我以前也读过，当时没觉得怎样。可昨天听你这么一朗诵，感觉完全不一样了，太棒了！"

　　声音永远是思想与情感的交流表达。一首平面的诗，附加上朗诵者的爱憎

原上海电影译制厂导演、朗诵家孙渝烽先生。

情感,赞扬与鞭挞,能变成立体、有生命的,纸面上的文字能立即鲜活起来。朗诵者通过声音、气息、情感、抑扬顿挫的处理,搭建起一座与受众沟通交流的桥梁。

对于朗诵这种特殊的沟通方式来说,文字和语言是最主要的媒介,有声语言能让文字律动,加上丰富的真情实感,更能表达诗人的思想。当然这种"沟通"必须建立在特定的语言环境之中，才能有效地引起人们的共鸣。我再举个例子：上海影协每年都为七十到九十岁的寿星们祝寿，有一次是为秦怡老师八十五岁祝寿，那天我应邀参加。我对影协主席吴贻弓说："我想为老寿星们朗诵一首诗。"他立刻应允下来。于是我上台朗诵了《不要说自己老》这首诗。最后我还即兴发挥了几句："让我们像瑞芳、秦怡老师一样，像所有健康老人一样积极向上、心态平衡、多想着别人、就永远不会老！"赢得人们热烈的掌声，获得了满堂彩。这次生日聚会两个月后，我在影协的一次活动上见到年近九十的老演员白穆老师，他精神很好、风趣地朝我笑笑说："就按你朗诵说的那样，我们这些老人一样积极乐观、心态平衡，多想着别人就永远不会老！"我连忙说："这是黄宗英老师写的诗。""谁写的我不管，我是亲自听你朗诵的，我记住了。"老爷子十分认真地说。

诗歌充满诗意，它浪漫又高雅，熏陶人们的情操。一首好诗通过朗诵者的感悟，加入了浓烈的情感色彩，鲜明的态度，在语气、节奏停顿上又处理适当，就能完成再创作。在一种特殊的语言环境中，朗诵者通过朗诵，完成与受众的直接交流，相互感染，把诗人的内涵充分的表达出来，必定会被人们所接受所欣赏。

让好的诗歌通过朗诵活动进行传播，让语言文学通过朗诵插上翅膀在人们心中翱翔，这是朗诵艺术的真正魅力！人们通过这种感人的魅力与更多的人交往沟通，这种美好的沟通将会促进人际关系的极大和谐。

口诵笔谈

不神秘也不简单

——浅谈文学作品的朗诵

过传忠

随着文化大发展大繁荣这股春风的召唤，近几年，无论城乡，文学作品（尤其是诗歌）的朗诵活动，正在蓬勃兴起。有人把它看得很神秘，一个人，不靠别的，单凭一张嘴，活灵活现，能把满场观众都给镇住，跟着你喜怒哀乐，岂不神了吗？真比演一台戏还难。但也有人把它看得很简单，不就是念书、背书吗？见字发声，大不了更认真些、响亮些，谁还不会呢？

要我说，朗诵既不神秘也不简单，不弄懂这一点，它成不了广大群众都能掌握的一种文艺样式，无法广泛开展。

说它不神秘，因为它是一种生活中常见的语言表达形式。所谓朗诵（包括它的基础朗读）就是把一个个方块字用我们的声音变成口语，借语文界老前辈徐世荣先生的说法，就是"把写作语言还原，变为口语的有声语言"。只要不是文盲，只要能正常口语，这一"还原"应该是不难的。这里涉及到语言、文字和思想三者的关系。我们朗诵的文本文字是一种记录符号，记录的是有声语言，但有声语言不只是声音，它承载着思想，是思想的物质外壳和直接实现。朗诵对作品的"还原"，关键在于朗诵者能准确充分地阅读文本，理解掌握作品中所蕴涵的思想感情，然后再把它用口语表达出来。倘若不认真阅读原文，或者虽下了功夫仍不能真正把握作品的精髓，朗诵还是难以成功。也就是说，朗诵并不神秘，只要具备相应的阅读能力和理解水平，朗诵的成功是有基本保障的。

全国语文特级教师、朗诵家过传忠先生。

可是有人说，我的阅读理解能力并不低，为什么朗诵不好呢？甚至不少诗人和作家，对自己的作品总是理解把握得较深吧，但为什么也常常朗诵不好，至少没有一些朗诵艺术家朗诵得好呢？

这就涉及到了第二个问题：朗诵并不简单，它是独立再创作的语言艺术。

还是徐世荣先生说得好，把文字变成口语，不是简单的"还原"，它得"补上书面语言表达不出来的语气、语调、语势、语感，抑扬顿挫，轻重缓急，使语言增加了活力，有了跳跃着的生命"。

好的作品都有着自己的"生命"和"活力"，通过对作者思想感情的分析、理解与感受，我们可以把握住。但要化为有声语言表达出来，还必须掌握好"抑扬顿挫""轻重缓急"，还必须补上恰当的"语气、语调、语势、语感"。

是的，朗诵，它传达的是一种文学的语言，而不是一般人们交谈的口语。它要比一般语言更高、更强烈、更凝炼、更有感情，因此，也就更有感染力和说服力。从这个角度讲，朗诵又是一项技巧，必须通过长期的学习和训练才能逐渐掌握。

但这项技巧的掌握并非高不可攀，也不一定非经过严格的专业训练不可。我们完全可以像学生学习写作文那样来学习朗诵作品，区别无非一个用笔一个用嘴。我们可以从下面几方面着手：一是从构成作品的字、词、句、篇这几个环节努力，掌握好字的读音，词的形象化（既能以约定俗成的声音传达出词的性状和对它的褒贬爱憎感情），句的停顿、重音和语调，以及篇的节奏、色彩和基调。二是从五种表达方式的朗诵特点着手，逐渐读出叙述的清晰、描写的生动，说明的平直、议论的力度，以及抒情的起伏等等，再综合衔接成有声有色的整体。三是从作品的不同体裁出发，学会读出诗歌的凝炼、形象、抒情和音乐性，散文的形散神聚与真挚动情，小说的由多种表达方式综合而形成的多角度的立体感、厚重感，以及剧本中一些独白、对白等以塑造人物性格为特点的表演技巧。四是掌握文言诗文在朗读时必须处理好的文白、字词与骈散的关系，以及文言的语法特点等等。总之，通过对文学作品的钻研掌握并提高朗诵的技巧，在对朗诵的不断实践中更深入地理解与体会文学作品，如此互动互补，相得益彰，朗诵作为一项再创作的活动，对我们每个人文化底蕴的提高，都会大有裨益的。

朗诵并不神秘，但也并不简单，让我们一同投身其中，努力学习与实践，许以时日，一定会有收获。

口诵笔谈

在诵读声中品悟母语的真味

——以《岳阳楼记》为例

张广录

中国人自古以来是怎样学习语言的？有两种方式，一种是"阅"，指不发声地"看书"；另一种是"读"，指发声念书。鲁迅先生在《从百草园到三味书屋》中写自己童年学习的场景："大家放开喉咙读一阵书，真是人声鼎沸……先生自己也念书。后来，我们的声音便低下去，静下去了，只有他还大声朗读着：'铁如意，指挥倜傥，一坐皆惊呢；金叵罗，颠倒淋漓噫，千杯未醉嗬……'。我疑心这是极好的文章，因为读到这里，他总是微笑起来，而且将头仰起，摇着，向后面拗过去，拗过去。"为什么会念得"拗过去，拗过去"？这是念到了得意处，对文章的体味到了最深入人心处的形体表现。中国人对语言思想和情味的理解，从来就是在诵读声中直接体味，而很少像当下的课堂学习那样通过分析来获取。

语言学习，为什么要发声读？因为汉语语言的民族性很多都体现在其声音特征中。

汉语的音韵包括声、韵、调三种形式。这三种形式都是中国人表情达意的手段，从写的角度看，讲究审音用字、以声传情、用声写象，从读的角度看，则是由声悟情，循声求象。

首先，汉语的声母与情感有紧密的关联。比如"梦""朦""迷""漫""茫"几个读音的声母"m"为双唇浊鼻音，发音时双唇闭合，给人以朦胧模糊的印象和神秘难明的感觉，因而"m"声母的字，便多有模糊、神秘、包裹、昏黑的意味；

"绕""绒""柔""润""茌"几个字的声母"r"属于舌尖后浊擦音,发音时自然卷起,声带柔和颤动,其所发的音便本能唤起一种柔软、缠绵、忍让的感觉和意味。

其次,韵母与情感的表达也有紧密关联。比如韵母中的元音"a"开口度最大,发音响亮,气流吐出无拘无束,常表示欢快、活泼的情感状态,这样,一般来说,ang、eng、ing、ong,以及ao、iao等韵母,便往往体现出一种阳刚、悲壮、奔放的意味,而"i"的开口度小,发音低沉压抑,便常与抑郁的情调相联系。

再次,声调与情感的关联也很强。声调是汉语语音的一个突出特点,相同的音可由声调来区别意义。汉语的平声字(阴平、阳平),大多同平缓、轻快、轻松的情绪相关,如"飘""扬""飞""翱""翔""悠"等;而仄声字(上声、去声),则大多同沉重、迟滞的情绪相关,如"降""坠""堕""破""灭""废""溃"等。

语音层面的这种音乐美,在表现力上不亚于色彩美的表现力,所以陆机在《文赋》中写到"音声之迭代,若五色之相宣"。

关于汉语的语音美,王力曾写过一篇文章《略论语言形式美》,指出汉语语言的形式之所以是美的,因为它有整齐的美,抑扬的美,回环的美:整齐的美表现为语言的对偶和排比,抑扬的美是传统诗律学的平仄格式,回环的美则以诗歌中的押韵为代表。

正因为汉语的声音具有强烈的音乐性,有利于情感的表达和宣泄,所以古人在诗文创作中,尤其重视文字声音的音乐性和情感表达之间的和谐性。我们常常以为古人的文章都是直接用笔写出来的,其实未必。国画系列中有一个"行吟图"题材,画了很多古人用吟诵的方式来加以创作的情形,比如屈原"行吟江畔,形容枯槁",李白"吟诗作赋北窗里",杜甫"吟诵有所得,众神卫我形",白居易"终日歌吟如狂叟",可见自古汉诗皆吟咏,诗歌往往是先"吟"出来,然后再用笔加以记录,鲁迅诗云"怒向刀丛觅小诗,吟罢低眉无写处",正是这种情形的反应。

既然汉语除了字形有意义,汉语的语音也承载有情感和意义,那么汉诗文的意义便是由音义和字义两部分构成的。但是,百年以来,我们引进了西方理论解释中国文化，常常忽视了汉语的音韵表达，把汉语表情达意的方式仅仅局限在字义上。现在的语文课，往往也只从字面上解释意思，把诗文只当大白话看待——这是我们当下古诗文教学的缺失。

具体说来，中国人是怎样运用声音的声、韵和调来表达情感呢？在古诗文之中，一般通过声音的押韵及平仄、长短、清浊、高低，还有句式的变化调整，形成语言吟诵的节奏和旋律，使得情感表现的自由度和饱满度更强。

比如范仲淹的《岳阳楼记》，为什么流传千古为人称道？主要的原因，是文章先忧后乐的高尚操守和中国士人的精神形成强烈共鸣，但除此之外，也和它脍炙人口的音韵腔调相关。从音韵层面来赏读此文，会发现其在音韵表达情感上的奇妙之处。

读该文第一段，如果忽略标点符号，统计一下各句的字数：5，3+5。3，4，4。6，4，10；7。仔细琢磨，这一段的句子在字数上实际暗含了三字经、诗经体、五言诗、七言诗、四六骈体文、古体诗等几乎全部汉诗的句子形态——试想，一个段落中竟然蕴含了从"人之初，性本善""关关雎鸠，在河之洲""锄禾日当午，汗滴禾下土""秦时明月汉时关，万里长征人未还"到"君不见高堂明镜悲白发""无路请缨，等终军之弱冠""有怀投笔，慕宗悫之长风"的全部句式，中国汉语句子表达的几乎全部声音节奏都集中在一个段落中出现，这难道不是一个奇迹吗？

读第二段，关注其押韵特点：山、千、观，an韵；湖、物、乎，u韵；状、江、汤、象，ang韵；矣、此，i韵。这个段落的押韵十分隐蔽也十分独到，不是像诗歌那样在偶数句形成整齐的韵脚，而是采用了交叉押韵的形式，既避免了骈体文的呆板凝滞，又避免了音韵上章法全无的散漫。

再看各句子的语句长度：7，5。3，3；4，4；4，4。9，6。全段的句子长度，形成了"长—短—长"的格局，前后的句子像鸥鸟飞翔展开的宽大羽翼，而中间的句子则像鸟儿坚实的躯干，整个段落的节奏，像"沙鸥翔集"，翱翔起伏。

此段第三句的"此则"，和第四句的"然则"，分别领起自己的

北宋文学家范仲淹著《岳阳楼记》，探求品德高尚的古人思想。

句子，又一脉相承，前后呼应，在背诵时会强烈地感受到这一点。此段的最后部分，全是四字语，起到了很好的"启下"作用——因为在下一段中，四字句开始波涛翻滚。

读第三段，如果忽略一些发语词、连词、语助词，如"若夫""则有""者矣"，则本段可以说全是四字短语。但是，此段在音韵上起举足轻重作用的，却是这三个特立独行的词，它们的出现，使本段成功地和诗歌区隔开来。"若夫"开首，像一根手指，将我们的眼睛引向了霪雨霏霏的季节，而"则有"，则紧承"登斯楼也"的散文口吻，进一步淡化本段的诗歌形式。最妙的则是"者矣"，若无此语，结尾就变成了"感极而悲"，在意思上并无差别，但如此收尾，未免太过匆匆，急急忙忙；而有此一语，则在音韵节奏上，充分显示出一种变化的缓急——文言中的"之乎者也"，并非可有可无的"闲词"，反而是文章节奏美感形成的重要"关键点"。

读第四段，依然是多用四字短语，依然是用"至若""而或""则有""者矣"这几个虚字虚词衬起，依然是景—人—情的脉络。但是，本段写景和前段相比，有了变化：在时间上，本段区分了白昼和黑夜两种情景。在押韵上，本段与前文不同，由原来比较隐蔽的交叉押韵变化为像诗词那样直接

至若春和景明，波澜不惊，登斯楼也，则有心旷神怡，宠辱皆忘，把酒临风，其喜洋洋者矣。

押韵。第一句押ing韵：明惊顷泳青；后几句押i韵：里、璧、极、怡、矣。而中间位置的"长烟一空"，则起到了段落内部的音韵衔接作用。押韵从隐蔽走向"明目张胆"，正是作者的情绪从纠结走向畅快，在音韵上的体现。

读第五段，"嗟夫"一词，可以读得悠长一些，它在内容、结构、语气上，对上文起到收束作用。而本段的"何哉""然则""耶""其必曰""噫"，也造成了一种起伏感、跌宕感、错落感。本段结束，两个设问句、一个反问句，使整个段落似乎是一问一答，一呼一应，极有对话感。我们可以将其理解为作者和滕子京、与后来的阅读者、与自我内心的对话。

如此分析，会感觉到这些以文字形态存在的诗文，如果只是"看"意思，它似乎是处于休眠状态的静态生命体，而一旦把它还原为声音，则好像把文字唤醒了，声音的长短、高低、缓急、轻重、节奏、旋律，都被放大了，承载了作品更多的意义、情感和饱满的生命力。

如果朗诵古诗文能更多地从汉语的音韵性着手，那么我们就可以用声音来激活古诗文本身所蕴含的奇妙生命力，在诵读声中品味经典诗文的美妙味道……